湛庐 CHEERS

与最聪明的人共同进化

HERE COMES EVERYBODY

CAPITAL ALLOCATORS

聪明的基金经理

How the World's Elite Money Managers Lead and Invest

[美] 泰德 · 西德斯 Ted Seides 著 安昀 译

中国财经出版传媒集团
中国财政经济出版社

做一个聪明的基金经理

窦玉明
中欧基金董事长

中国的基金经理正在经历快速的增长期，全国社保基金、企业年金、职业年金、商业保险公司、捐赠基金和家族基金等机构的资产规模不断膨胀，而如何管理好这些资产，达成风险收益最大化的目标，面临很多的挑战。这些挑战包括缺少经验丰富的投资人才、资本市场发育不够成熟、可投资工具品种少等，特别是优秀的首席投资官这类投资人才，非常稀缺。这类人才的成长，需要扎实的理论、长期的实践学习和必要的天赋。

关于资本配置者的理论书籍，最知名的是耶鲁大学捐赠基金首席投资官大卫·史文森（David F. Swensen）的《机构投资者的创新之路》（*Pioneering Portfolio Management*），书中创新性地提出了机构投资者的资本配置框架，影响了全球的机构投资者。这本《聪明的基金经理》的作者是泰德·西德斯先生，他的第一份投资工作就师从史文森，他撰写这本书的目标是解释如何运用这些投资框架。

西德斯先生有25年的投资实践经验，又花了5年的时间采访了多位投资管理行业的领袖，积累了丰富的实战素材，在此基础上，他完成了本书。本书包括三部分，第一部分是基金经理的工具箱，第二部分是具体投资流程的实施，第三部分是一些顶尖行业领袖的对话实录。书中的很多内容注入了关于主动投资和被动投资的看法，也是国内的专业人士颇有争议的热点问题。相信国内的专业投资人士，特别是基金经理看过本书之后，会有所启发。

书中的内容虽然来自全球实践，但对今天的中国来说依然很有借鉴意义，本书前言首先谈到被动投资和主动投资，这个话题和“与巴菲特的十年赌约”这个故事相关，西德斯在2007年和巴菲特开始了为期10年的赌约。西德斯挑选了自己非常看好的5只对冲基金作为投资组合，想看看10

年内是否可以超过标普 500 指数基金的走势。结果大家都知道，标普 500 指数基金的回报远超对冲基金的回报，但西德斯依然坚定地信奉主动投资。在成熟的西方资本市场，过去 10 年是被动投资崛起的 10 年，但主动投资依然占据市场的主导地位。在中国这样一个发展中的资本市场，还远远达不到成为有效市场的程度，但我相信主动投资更是大有可为。

本书第一部分谈到了用流程提升决策质量，并提供了非常详细的流程建议。国内很多机构投资者在投资中过于强调投资的艺术性，给予投资研究人员很大的灵活性，客户也喜欢追逐投资明星，我认为未来的趋势应该是更加强调流程的纪律性，更加强调投资管理工作的科学性，更加强调团队协作的力量。第一部分还谈到了文化，这也是很有意思的话题。有了好的流程，使得投资质量有了下限的基本保障；有了合适的文化，为投资研究团队注入了很强的生命力，文化决定了投资质量的上限。

第二部分探讨了首席投资官是如何在投资过程中工作的。这部分提供了一组投资框架，包括治理架构、投资策略、投资流程、技术创新等。并且，围绕一个案例研究，介绍了在不确定时期的管理。

第三部分非常有趣，西德斯采访的很多行业领袖分享了他们对自身投资经验的关键感悟，比如“任何工作都没有捷径”。我观察了国内很多成功的投资人，发现从长期来看，做的好的，不是最聪明的，而是最能坚持，最有韧性，不断持续努力的。书中还有很多其他感悟都适用于中国的今天，但由于本书是西德斯本人的实践和观察的集中呈现，所以国内的机构投资者还需要仔细斟酌哪些内容适用于中国市场的最佳实践。

总的来说，本书对于中国的投资从业人员有很强的借鉴意义，值得一读。

中文版序

世界顶级基金经理如何管理和投资

我很激动也很荣幸能和中国读者分享这本书。

超过25年的投资经历和5年对投资管理领域领袖的公开采访的工作经历，让我了解到专业投资人士如何在行业的金字塔顶端取得成功。自从我的第一任老板耶鲁大学前首席投资官大卫·史文森（David Swensen）在2000年写了《机构投资的创新之路》（*Pioneering Portfolio Management*）这本书之后，美国的机构投资界就变得越来越成熟，也越来越卓越。这本书描述了耶鲁基金成功的投资过程，并成为世界各地成熟投资机构的手册。

伴随着人口以及人口增长的规模和复杂性，中国站在了这一旅程的起点。但无论处于哪个发展阶段，本书在领导力和投资方面提供的经验都广泛适用于所有与资本分配有关的领域。我希望中国的投资者能从中吸取教训，从而改善他们的业务水平和投资状况。

如序言中所述，本书的第一部分提供了一套可应用于投资过程的技能工具。这些课程包括面谈、决策制定、谈判、领导力和管理。每一章都提供了一个框架，指导读者了解专家在采访中分享的各学科的重要原则。第二部分提供了一组投资框架，介绍首席投资官如何在投资过程中工作，包括治理架构、投资策略、投资流程、技术创新和不确定时期的管理。第三部分是嘉宾们的精彩语录，分为投资经验和人生经验两大类。本书每一页都会带给读者特别的收获。

本书分享的经验教训是永恒的。我希望你能把它放在你的书架上，在未来的几年或几十年里，与你投资的发展相伴。

祝你在投资和生活上取得成功。

对话首席投资官

是你找到了播客，还是播客找到了你？

——迈克尔·默沃什

2016 年 2 月一个寒冷的日子，我和我的朋友格雷格·克拉克（Gregg Clark）坐在佛蒙特州海斯塔克山的登山缆车上。克拉克是个热心肠的人，我确信他很有可能会成为《危险边缘》（*Jeopardy*）这档著名电视问答节目的世界冠军。他拥有百科全书级的各种知识，从金融的细枝末节到托尔特克文明的各个方面，无不涉猎。有一次，克拉克在周末参加某培训时发现滑雪小屋里的电子保龄球机坏了，制造商说星期一才能修好。而克拉克竟然连夜研究说明书，第二天一早就修好了。

在去往山顶的缆车上，克拉克问我是否收听播客。那时候的我根本就没有听说过播客，更不知道我的苹果手机上竟然还有这么一个紫色的应用程序。他推荐我去听听蒂姆·费里斯（Tim Ferriss）的节目，结果我很快就被吸引住了。

几乎同一时间，我的第一本书《从零开始创办对冲基金》（*So You Want to Start a Hedge Fund*）出版了。那时我已经专注研究、搜寻和投资初创期对冲基金长达 14 年，这使我对这个行业生态体系的了解鲜有人及。所以我决定把这些经验和想法记录下来，以便让更多的人学习和借鉴。

这本书标志着我那一段职业生涯的终结。我迫不及待地想脱离投资初创期对冲基金这个狭窄的领域，回到我职业生涯最开始的地方，那是一个广阔得多的领域。在这个职业转换的窗口期，我接受了邀请，公开分享这本书中提到的各种经验教训。我出现在电视台、电台，还有一系列的播客上。其中有一个播客令我印象深刻。2016 年 10 月，我与帕特里克·奥肖内西（Patrick O'Shaughnessy）在他的播客《完美投资》（*Invest Like the Best*）第 7 期中进行了对话。他充分的准备和恰如其分的犀利提问让我很吃惊，我们很快就成了朋友。

参与奥肖内西节目的这一段经历为我揭开了播客的神秘面纱：坐在他的办公室里，我们两个在麦克风前交谈，似乎就这么简单。

此后不久，我在 Facebook 上看到，我的大学好友克里斯·多佛斯（Chris Douvos）也应邀成为某播客的嘉宾。多佛斯是风投界极具娱乐性的“超级 LP（有限合伙人）”，也是亚豪资本（Ahoy Capital）的创始人。节目理应非常精彩，但是当我收听的时候却感到很惊诧。因为那些问题照本宣科，非常肤浅，就像主持人故意想让多佛斯听起来是个沉闷乏味的人。然而，如果你听过我和多佛斯的对话（《资本配置者》（*Capital Allocators*），第 14 期），你就会明白想要减损他的热情和能量是多么困难。

就在那一天，我的脑海里闪过一个念头：正好我现在有时间，不必每日沉浸在投资管理的烦琐工作中，何不与我那些平素无暇见面的老朋友们多聊一聊呢？我可以学习奥肖内西在访谈时采用的那种灵动的方式，我觉得我肯定能比访谈多佛斯的那些家伙做得更好。

于是我创建了一个播客，专门对管理大量资金的投资经理进行访谈。我给奥肖内西打电话，咨询他还需要做哪些必要的准备。他发给我一份必须购置的设备清单，好把一些重要的访谈录下来，并建议我联系马修·帕西（Mathew Passy）来协助出品。我都一一照做了。

我首先录制了我与好朋友（Kindred 资本公司管理层人员）史蒂夫·加尔布雷斯（Steve Galbraith）的一段精彩对话，他为我的第一本书写了推荐序。我们围绕着加尔布雷斯杰出的职业成就展开对话，并穿插了一些有趣的故事，包括他名下拥有的一家酿酒厂和一家欧洲足球俱乐部的故事。访谈效果实在太棒了，我迫不及待地想分享给大家。

可是，我找不到录音文件了。在访谈结束后的 6 个小时里，我始终无法在我的 H6 手持式录音机上找到录音文件。我上网查找了解决方案，给设备厂家打了咨询电话，也向帕西求助，但都无功而返。正当我想放弃时，突然想起了克拉克，在别人都一筹莫展的时候，他往往会有办法。果不其然，克拉克把录音设备连在他的电脑上，还外接了一些其他的数据线，经过 62 分钟的努力，他成功下载了一份完美的访谈录音文件。

在播客正式落地之前，我还录了与其他两位密友的对话，一位是我以前在商学院时的教授安德烈·佩罗尔德（André Perold）；另一位是我以前的同事葆拉·沃伦特

（Paula Volent），也是鲍登学院（Bowdoin College）的明星基金经理。但是一星期之后沃伦特告诉我，她没有取得公开这次访谈的许可。于是我首期投放 3 集的计划就这样被削减了 1/3。

终于，我发布了与加尔布雷斯和佩罗尔德的访谈，并且给朋友们都发了邀请观赏的邮件，大约有 200 人应邀观看了至少其中一集。借此机会，我又邀请了一些朋友参与访谈，几次访谈慢慢变成了越来越多次的访谈，时光荏苒，3 年半过去了，我们走到了今天。

这就是《资本配置者》播客的由来，但是这个故事还有难以解释的另一面。在与临床心理学家、英雄之旅基金会创始人迈克尔·默沃什（Michael Mervosh）的对话中，他向我描述了一种崭新的穿越世界的方式，他提出了一个问题："是你找到了播客，还是播客找到了你？"

创办播客是我人生中第一次在没有具体职业目标的情况下接受的挑战。在寻找下一个全职工作之前，我认为这是一个值得花一些时间的有意思的事情。退一步讲，我觉得冒险总会创造一些可能性，即便我不知道这些可能性是什么。

刚开始的时候我满腹狐疑，唯一能够确定的就是我不喜欢自己的声音，并且坚信别人也不会喜欢。我不确定自己是否能很好地把握访谈的全过程，也不确定我是否能请到足够的嘉宾，储备充足的话题，或者把控好访谈的时长，等等。并且，我从来都不认为播客是一门好生意，因为向有限的听众提供免费的内容，这一听就不是一条致富之路。但是我真的毫不在意，因为我已经准备好去尝试一些新东西，哪怕徒劳无功。

所以，我无法解释过去 3 年半所发生的一切。我只是发了一些电子邮件，然后开始在我的社交账号里发布播客的录音，仅仅通过口碑传播，就从第一个星期的 200 次下载量增长到每星期 2 万次以上，这条曲线像极了基金经理自选股的 K 线图（见图 0-1）。

我开始收到各位新老朋友的赞誉，甚至有人夸赞我的声音在广播中很好听，这刷新了我一贯的自我认知。还有人反映这些访谈充满了谦卑心和好奇心，这也正是我对自己的期盼。

最重要的是，嘉宾们在参加访谈之后普遍反映很有收获。我喜欢做能够让所有人都受益的生意。

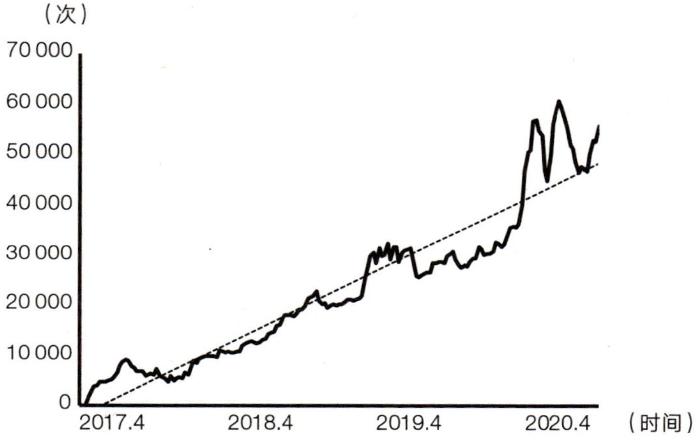

图 0-1 《资本配置者》播客每星期下载量变化[1]

随着每星期对播客的更新，我逐渐认识到它不同于任何其他教育平台。在过去 20 年的职业生涯中，我有幸与许多优秀的投资者一起工作，播客的前 50 位嘉宾中有 45 位是我的朋友或者同行。

我曾经很诧异为什么公众对这些有见地的投资经理知之甚少。我最喜欢举盖蒂信托（Getty Trust）资深首席投资官吉姆·威廉姆斯（Jim Williams）的例子。在我们的访谈中，威廉姆斯提到，他在与刚从巴黎圣母大学退休的首席投资官斯科特·马尔帕斯（Scott Malpass）的访谈中学到了很多东西。我很惊讶，因为他们其实已经是数十年的好友。威廉姆斯解释说，虽然他们每年都会有几次交流，但是他从未有机会聆听马尔帕斯完整的过往故事。就在彼时，我忽然意识到自己也对同行们鲜有完整而深入的了解。

我寻找嘉宾的逻辑可以归纳为两个问题：我当前想和谁聊？我想学习哪些方面的知识？我喜欢聆听每个人独特的故事。投资确实是一门关于人性的生意，所以每期访谈都是从这个方面切入，嘉宾们会从探讨人性和哲学开始，继而逐步进入资产管理领域。我们也会试着探索那些能够帮助资本配置者们提升技能的领域。

3 年半以来，这个播客显著超出了我的预期，也带给我极大的愉悦。我有机会和伟大的思想家展开精彩的对话，也结识了许多无与伦比的人。这场被奥肖内西称为“漫无目的的成长”的尝试，事实上已然硕果累累。

我从没想过要再写一本书。大多数人在写第一本书的时候都尝到了失败的滋味，因为他们发现了这样一个事实：写书是一件非常浪费时间和金钱的事情，而这恰恰是我们所拥有的最宝贵的两种资源。然而，无论如何，我又坐在电脑前，跟从我的直觉，再次敲起了文字。

在与大量资本配置者、基金经理和思想领袖进行了多次访谈之后，我认为我没有权利独享这些信息，因为他们分享了如此多关于如何改进投资流程的智慧。当然，大卫·史文森的书仍然是关于机构资本配置框架的开创性著作，而本书试图解释的是这些投资者具体是如何运用投资框架的。

我写作的初衷是想帮助投资者更好地做出决策。现如今，想要投资成功的难度与日俱增，所需要的技能范围也相应扩大。我的播客上各类嘉宾分享的经验教训可以为想要成功的投资者提供很好的借鉴和鼓励。本书是《资本配置者》播客前 150 期嘉宾访谈的经验总结。全书分为 3 个部分，每个部分都可独立使用。

这篇序言主要讲述了这个播客的由来，在前言中我分享了对于主动和被动投资的看法。如果你恰巧是全心全意的被动投资拥护者，那么对不起，我可能要把你的投资管理费支出略微提升一些，因为本书主要是讨论主动投资的。

本书的第一部分是一个工具箱，包含资本配置者不可或缺的 5 种工具：面谈、决策制定、谈判、领导力和管理。每种工具都用单独一章来讨论，可以独立阅读。章节的铺陈也符合逻辑顺序，确保你不会错过重点。

第二部分转向关于投资技巧的讨论。这里有一整套的投资框架，总结了资本配置者思考和投资的过程，其结构也遵循了首席投资官们的底层思维。这些章节讨论了治理架构、投资策略、投资流程、技术创新以及应对不确定性的案例研究。当然，我是想让读者按顺序阅读，不过你也可以单独阅读某一章的内容，同样会很有收获。

来自嘉宾的众多理念和精彩言论贯穿于这些章节之中，为抽象的概念增添了许多光彩。

第三部分汇总了众多嘉宾的精彩语录。写这本书时需要将 3 500 页的文字记录缩减成几百段语录。其中的许多重要想法已经直接拓展成第一部分和第二部分的章节，余下的 180 多段金句则在第三部分呈现。当你缺乏灵感的时候，或者觉得合适的任何时间，去挑几段读读吧。最后还列出了从 150 个小时的访谈中精选出的 10 大最佳金句。

《聪明的基金经理》将成为我书桌上的必备工具书。

希望你也一样。

测一测

你投资成功的能力有多强？

扫码鉴别正版图书
获取您的专属福利

扫码获取全部测试题
及答案，
看看你投资成功的
能力有多强

- 2007 年，巴菲特和一家对冲基金的基金经理泰德·西德斯打赌，看未来 10 年谁的投资收益高。这是真的吗？（ ）

  A. 真

  B. 假

- 聪明的基金经理必须掌握 5 个工具：面谈、决策制定、谈判、领导力和（ ）

  A. 管理

  B. 分析力

  C. 权力

  D. 内省力

- 投资流程的核心环节是（ ）

  A. 决策环节

  B. 选择环节

  C. 准备环节

  D. 由一系列面谈构成的交流环节

扫描左侧二维码查看本书更多测试题

目 录

第二部分
聪明的基金经理的投资框架

CAPITAL ALLOCATORS

前 言

被动投资与主动投资

傻瓜才会轻易与奥马哈的先知打赌，尤其是想要检验自己对某一重要投资事项的判断之时。[1]

——泰德·西德斯

Only a fool would enter lightly into a wager against the Oracle of Omaha, especially when he has put his judgment about an important investment matter to the test.

– Ted Seides

巴菲特的 10 年赌约

截至 2019 年年底，资本市场已经繁荣了 10 年，也带来了非常可观的回报。以一个简单而传统的 60% 股票和 40% 债券的投资组合来说，在这 10 年中就能取得每年 11% 的回报，远超大多数机构每年 7% ～ 8% 的支出需求。

主动型基金经理大多是跑输指数的，87% 的主动型基金经理并没有跑赢标普 500 指数。[2] 这一经常被引用的简单统计数据背后，是关于区域、市值、风格和资本结构等多方面的细致对比。其含义非常清晰，这 10 年并不是资产管理业的高光时刻。

如果说这期间有赢家的话，那一定是先锋领航集团（The Vanguard Group）。作为被动投资之王，它是分食指数基金大蛋糕的三大玩家之一，而且已经成了低成本投资哲学的代名词。金融危机以来，该公司的资产管理规模从 1 万亿美元[3]增长到了 6.2 万亿美元。

我正是站在主动投资和被动投资之争风口浪尖上的人。2007 年，我和巴菲特开始了一个为期 10 年的赌约。我精心挑选出 5 只成本较高的对冲基金做了一个组合，想看看 10 年内它相对于先锋标普 500 指数基金的表现。卡罗尔·卢米斯（Carol Loomis）把这个赌约写进了《财富》杂志。[4]当时，我和我的合伙人预估我们的胜率为 85%，而巴菲特认为他的赢面是 60%。

我写了一本白皮书来阐述我当时下这个赌注的逻辑。2007 年，股票的整体估值在历史高位，对冲基金似乎能更好地满足机构投资者的支出需求。对冲基金组合和全市场指数之间的对比就像是苹果和橘子之间的对比，其结果大部分取决于不同程度的市场、风险敞口和税负水平等。无论如何，在当时看来这是一个赢面较大的赌约。

但是我想说，对冲基金这一方的表现并不好。比赛于 2008 年 1 月 1 日正式开始，仅过了 14 个月，对冲基金组合就已经领先了近 50%。然而，自从美联储在 2009 年 3 月给市场托底之后，对冲基金组合在剩下的 8 年 9 个月中就很难再跟上屡创新高的标普 500 指数了。

尽管如此，如果相同的情况放到今天，我依然会下这个赌注。我用本书第 2 章中提供的工具仔细检视了我当时做决策的全过程，也与巴菲特讨论了他当时做决策的过程。检视后我依然认为下注给对冲基金是对的。

但是，我认识的一些聪明的业内人士可不这么认为。可敬的查尔斯・埃利斯（Charles D. Ellis）是格林威治联营公司（Greenwich Associates）的创始人，出版了 16 本投资类书籍。在其多年前的精彩的大部头著作《赢得输家的游戏》[5]中，他就指出了指数化投资的威力。那时他认为，众多聪明勤奋的主动投资者涌入市场的结果只能是相互抵消，获取平庸的收益。所以，持有指数基金是一个更好的投资策略。

2016 年，埃利斯又出版了《指数革命》（*The Index Revolution*）一书。时隔 31 年，他又给出了一系列很有说服力的证据来证明指数化投资的优势。特许金融分析师（CFA）资格持有人数量的快速增长、数据的泛滥和信息的高速扩散，无不印证了 Counterpoint Global（摩根士丹利旗下投资部门）的迈克尔·莫布森（Michael Mauboussin）所说的“技能悖论”。

的确，当代投资者的绝对技能水平也许高于以往的投资者，但由于如今优秀的投资者众多，所以彼此间的技能差反而缩小了。所以，现在要跑赢市场变得更加困难。

被动投资的拥趸们指出，二级市场的投资是一场零和博弈，有人赢就一定要有人输。而整体来看，主动投资者只是赚取了市场平均收益，却支付了较高的管理费，使得整个游戏变成了负和博弈。

主动投资满足高收益的需求

虽然，被动管理在理论上几乎无懈可击，但在今天的机构资产管理实践中基本已无迹可循。现如今，60/40 股债配比的组合已经无法满足机构的支出需求，而跨出这个被动组合，去取得更高收益，则需要更多技能。

股票和债券经过长达 10 年的牛市，资本市场 60/40 股债配比已经很难再挤出油水。2020 年 10 月 31 日的即时数据显示：10 年期国债收益率是 0.9%；标普 500 的股息率是 2%，其长期潜在利润增长率是 6%。假设未来估值不变，则可以粗略估算出 60/40 的股债组合收益率将略低于 5%。

但 GMO 资产管理公司认为，高的估值倍数不会长期持续，前景将变差。他们在对未来 7 年的资产收益预测中，隐含了估值和利润率将向均值回归的假设。同样以 2020 年 10 月 31 日的数据为例，60/40 股债配比的组合在 GMO 的假设之下只能获得 -4% 的实际年化收益，或者在假设通胀率为零的情况下的 -2% 的名义收益。

当投资机构在展望未来 10 年收益的时候，60/40 的股债组合是无法满足他们需求的。各类基金会和捐赠基金的收益目标通常是 5% 的实际收益率（6% ～ 7% 的名义回报率），养老金则通常需要 7% ～ 8% 的实际回报。而 60/40 的股债组合在任何合理的假设下都无法达到这么高的收益率。

换句话说，任何突破 60/40 股债配比规则的投资组合都涉及主动管理的决策。首席投资官必须对把资金配置在什么市场、跟踪什么指数、占比各是多少等事项做出决策。埃利斯在我们播客的两次访谈中都认真讨论过这些问题。

在坚定地支持指数基金的同时，埃利斯指出，主动管理在新兴市场更为可取，或许在欧洲也是如此。选择主动型基金经理的时候，视野也要涵盖私募股权和风险投资基金。埃利斯既热衷于推动指数基金的进步，也同样期盼看到美国资本集团（Capital Group）、耶鲁大学捐赠基金和先锋领航集团获得非比寻常的成功。因为即使在先锋领航集团内部，也有鲜为人知的团队在选择主动型的管理者，而非仅限于指数代投资。

最后，如果考虑到世界优秀基金经理的交易方式，被动投资就会变成一个循环论证。耶鲁大学捐赠基金就是一个例证：美国的股票、债券和货币只占其投资组合仓位的10%，其他国家的股票加起来也只占14%，其余的76%都配置在无法通过低成本的指数投资方式获取收益的资产上。

与个人投资者或其他曾经到访过《资本配置者》播客的首席投资官们相比，耶鲁大学捐赠基金采取了完全不同的方法。指数基金的坚定支持者或许应该考虑，为什么行业中最聪明的一些人会选择无法通过指数化获利的资产。难道这些人错了？投资其实很容易？我对此表示怀疑。

爱因斯坦曾经说过："世界应该是简单的，但也不是过于简单的。"我认为，主动和被动的争论过分纠结于对主动管理失败的批判。事实上，主动和被动都是有价值的工具，都可用于实现投资成功的目标。

主动管理的成功绝非偶然。它需要管理者具备非凡的技能、敏锐的眼光、广泛的专业知识以及丰富的网络资源，并能被资本配置者发现，而且需要双方共同坚持不懈地努力，才能保持领先。它需要一整套工具、技能和洞察力，而这些都是课本上学不到的东西。

本书主要是讨论主动投资的管理过程，即管理人们如何分配时间和资本以满足机构的需求。不要畏缩不前，成功的投资固然需要在资产配置、基金经理选择和证券选择方面做出优质的决策。但由于被动投资越来越难以满足机构的支出需求，所以主动投资正日益变得更有竞争力。当然，我们需要非常认真地选择投资框架和方法。在没有掌握必备技能的情况下贸然出击，一定会遭遇失败。

如果你认同以上观点，那么下面我们就来讨论资本配置者赖以生存的工具和技能。

CAPITAL ALLOCATORS

第一部分

聪明的基金经理必须掌握的 5 个工具

导读 CAPITAL ALLOCATORS

首席投资官需要一整套工具来解构资金管理这个复杂的过程。优秀的首席投资官既要善于倾听也要善于演讲，既要善于学习也要善于传授，既要善于独立思考也要善于引导合作，既要善于管理团队和治理委员会也要有良好的阅读、写作甚至算法技巧。

这些能力在 CFA 课程或其他投资材料中是很难学到的。我的第一本书《从零开始创办对冲基金》主要从一线的实操角度分享了如何创办一家新的对冲基金，而《聪明的基金经理》第一部分所分享的技能也是在实践中才能学到的。

这部分的工具箱包含首席投资官会使用到的主要工具：面谈、决策制定、谈判、领导力和管理。我们首先从面谈开始阐述，这是首席投资官几乎每天都在做的事情。

CAPITAL ALLOCATORS

第 1 章

工具 1，用面谈进行评估

我早已认识到，人们会忘记你说了什么，也会忘记你做了什么，但永远不会忘记你带给他们的感受。

——玛雅·安吉洛

美国作家和诗人

I've learned that people will forget what you said, people will forget what you did, but people will never forget how you made them feel.

– Maya Angelou

American writer and poet

投资流程的核心是由一系列面谈构成的交流环节。在我 20 年的职业生涯中，每天都要与两三位基金经理面谈，到目前为止加起来也有好几千人了。不过那时候，我对面谈的理解只是流于表面，直到我创建了播客，一切才开始改变。

通过运营播客 3 年半并且系统地学习了面谈技巧之后，我总结出以下 5 个步骤：

1. 明确目标
2. 精心准备
3. 营造环境
4. 积极倾听
5. 收获反馈

在介绍了 5 个步骤之后，我会再介绍有效访谈的 3 个技巧。在投资界，这些经验教训也适用于与基金经理的面谈和对相关推荐材料的审阅。

明确目标，带着目的进行谈话

面谈与一般谈话不同。谈话是对话者之间非正式的讨论，对话者可以相互交流，双方发言时长比较接近。

而面谈是带着目的的谈话，在大多数时间里，都是面谈者提问，受访者回答。首席投资官进行面谈的目的是要收集信息，然后从材料内容和人格两方面来评估基金经理。首席投资官想要通过面谈来证实或者证伪他们对于目标基金经理的预设。与此同时，每次面谈都为评估双方的感觉和信任程度提供了一个机会，因为即将形成的合作关系可能会持续很多年。这种面谈通常需要关注到谈话过程中的方方面面。

这个目的听起来很容易达到，但实际上我们应该都参加过一些低效的会谈，在这些会谈中，面谈者只是想通过表达观点来显示自己的聪明才智，却偏离了正确的轨道。桑德兰资本（Sunderland Capital）创始人兼首席投资官汤姆·布希（Tom Bushey）就曾在该公司的首次会谈中发现，至少有 2/3

参与会谈者试图让他明白他所做的事情是可笑的，以及如果换成他们会怎么做。

但在播客中的访谈却完全不同。我在节目中讨论过许多我作为资本配置者参与面谈时的话题，只是我不再需要做评估，而是让首席投资官和基金经理们尽情发挥，述说他们的故事就好了，我也无须再暗自评估事后是否要投钱给他们。

不同类型的面谈带有不同的目的，也就需要不同的技巧。乔恩·沃特海姆（Jon Wertheim）为《体育画报》《60 分钟》撰写和主持采访长达 25 年。他的采访为文学故事提供了素材，为电视节目提供了娱乐元素，也为新闻调查提供了事实依据。点亮一个故事，沃特海姆只需要一个闪光点。一个 30 分钟的采访，即使前 29 分钟都乏善可陈，但只要最后一分钟令人印象深刻，那他就算圆满完成了任务。他可能会在前期故意释放无聊、兴奋甚至挑衅的感觉，而这些都是为了让最后的这个闪光点光芒万丈。

然而他在电视上的采访却恰恰相反。电视采访需要有种节奏感贯穿始终，这和内容同等重要。如果采访者和被采访者经常互相打断，就会损害本来很好的内容，电视的观看效果就会变差。

新闻调查类的采访则又不同。其需要对一个事件进行深入探究，再配合一些语言质询技巧，这类采访的实质远比形式更重要。

无论是播客访谈、新闻调查，还是电视或者故事性的采访，所需要的技巧和风格都与资本配置者要做的以评估为目的的面谈有所不同。不过，即便是不同目的的访谈之间也有一些技巧是共通的，可以给资本配置者很好的借鉴和帮助。

精心准备，但不要过度准备

作为一个母基金（Fund Of Funds，FOF）的创始人和联席首席投资官，我的角色是连接基金经理和客户的桥梁。有一个现象着实令我震惊：竟然有如此多的面谈没有经过事先准备。可基金经理的时间有限，浪费宝贵的时间在获取那些可以轻松从公开渠道得到的信息非常低效。

要想使交流变得高效，就需要事先准备好面谈的结构和流程。访谈领域的传奇人物拉里·金（Larry King）和卡尔·福斯曼（Cal Fussman）的采访风格虽截然不同，但都会在采访前做详尽的准备。拉里·金会事先做详细的研究，然后列出访谈的提纲，不过他从来不会事先设计问题。[1] 而福斯曼则是提前列出一长串问题，再从中挑选一些喜欢的话题仔细揣摩，然后在访谈开始之前把问题清单扔掉。福斯曼虽然设计了问题，但也不会局限于特定的问题。[2]

由于运营播客，所以我有机会尝试在不同的访谈前做不同程度的准备。在最初的一些访谈中，我准备过度了。我准备了很长的问题清单，并把它带到了访谈现场。但在实际访谈过程中，清单变成了无形的束缚。我时不时会偷瞄它一眼，以确保没有漏掉什么，这非常分散我的注意力，我常常为了跟上访谈的进度而慌乱不已。这让我明白了过度准备就像作茧自缚，会使我无法投入到访谈的正常流程之中。

后来，我发现，越不拘泥于事先准备好的问题，就越能把握节奏，反而能够更好地在访谈中的进行提问，甚至有一次，我完全跳脱了事先准备的问题清单，而去充分享受对话本身。我也曾进行过一些准备不足的访谈，但我内心明白，如果多一些准备效果会更好。最终我找到了一个平衡点，就是为谈话流程准备提纲，但避开细节，这样既有骨架结构又有留白，可以让谈话自然流畅地进行。

资本配置者在面谈之前也可以做类似的功课，比如仔细阅读相关资料和面谈记录，确定面谈目的，安排好面谈的结构以便更好地获取信息等。

不同阶段的面谈，目的也会有所变化。头几次面谈可以侧重于收集信息和熟悉投资理念。而与长期合作的基金经理会面，则可以具体讨论到某一笔投资、某些投资主题，甚至公司架构方面的话题。每次面谈可以根据不同的投资策略、团队、流程和风险负担水平准备不同的问题。

资本配置者也需要考虑面谈本身的情况，即双方出席的人员、主提问人以及选择恰当的用词和肢体语言。如果参与面谈的资本配置方不止一人，那么可以有所分工，比如一个人侧重于问题和内容，另一个人则侧重于考察行为和风格。

营造环境，获得更多信息的关键

设置基金经理面谈的初衷主要是为了收集信息，所以聪明的资本配置者要营造一个有利于获取尽可能多信息的环境。因为人们在放松的时候往往更容易敞开心扉，所以面谈的外在环境是影响讨论基调的一个重要因素。

大部分基金经理面谈都是在会议室中隔着桌子进行的，这会直接给人一种对抗的心理暗示。渐渐地，资本配置者发现了其他更合适的环境。比如，斯科特·马尔帕斯经常邀请基金经理们参加圣母大学基金会的足球比赛；另类投资管理公司（Alternative Investment Management）首席执行官乔恩·哈里斯（Jon Harris）在配置资本之前，会邀请基金经理与他们的配偶或其他对他们来说重要的人共进晚餐；有些首席投资官会邀请基金经理一起健身、运动或者参加各种文化和慈善活动，来了解他们的个性。有一次，我和一个基金经理一起打高尔夫球。我留意到他对待球童的态度非常糟糕，这有助于解释为什么他所在的机构有着可怕的人员流失率，于是我放弃了这项投资！

除了外在环境，资本配置者在面谈中的语调和口吻也会影响基金经理的坦诚程度。为了给面谈创造更有效率的氛围，资本配置者可以参考以下这些经验。

找到共同点

我们总是倾向于拥抱那些与我们相似的人。如果在面谈一开始就能发现共同的背景、关系或者兴趣，那将非常有助于把面谈的基调从交易导向转变为关系导向。

提问要简洁

沃特海姆发现，简短的问题更有效：

> 我花了很长时间才明白“少就是多”的道理，一个简单的问题，再加上适当的沉默，远比不断地发声刷存在感要好得多。

他提醒，要避免一种常见的误区，即向对方展示你事先做了多少研究，显示你有多聪明。请记住，你的最终目的是要建立一种坦诚交流的关系。

多提开放式问题

以“怎么”、“什么”或者“为什么”打头的开放式问题会让被访的基金经理愿意分享他们的故事。通过这种方式提出的问题，可使资本配置者收集到超出他们预期的信息。

注重倾听

我的叔叔曾经说过：“你有两只耳朵，但只有一张嘴巴，所以倾听的次数应该是讲话次数的两倍。”有趣的是，一旦你注重倾听，就能学到一些东西。如果安排面谈的目的是要学习了解，那么资本配置者就更应该注重倾听。

谦逊地表达

即便是对非常优秀的基金经理来说，投资也是一个需要谦逊的行业。相应地，资本配置者也需要谦逊。最好的面谈者不避讳问幼稚的问题，主动提问以更深入地了解对方的思想是一种行之有效的方法。

保持好奇心

资本配置者的工作为其提供了持续学习的机会。如果资本配置者能够从好奇的角度而不是评估的角度来进行面谈，那就可以从基金经理那里获取很多有用的信息。Gardner Russo & Gardner 投资公司的高管汤姆·拉索（Tom Russo）有一个可以记住谈话细节的技巧：当听到一些令人吃惊的事情时，他会加上一些个人批注，以便日后回忆。

忘记脚本

最好的面谈其实都是不可预测的。可以好好地准备提纲和问题，但过度拘泥于问题清单只会分散你的注意力，让你无暇顾及基金经理在说什么，而且很难及时跟进提问。

积极倾听，成功访谈的核心

一旦准备工作完成，面谈开始，优秀的面谈者就要变成伟大的倾听者了。查尔斯·埃利斯描述过认真倾听对于美国资本集团获得成功的重要意义：

> 约翰·洛夫莱斯（John Lovelace）非常乐于帮助别人成为优秀的倾听者。倾听不仅仅是听对方说了什么，还要理解话语背后的含义，以及与上次所说的异同之处。这对你了解公司非常有帮助，并且对你需要和其他人合作为基金做决策时也很有助益。[3]

倾听是成功面谈的核心。需要你排除杂念，全神贯注于正在进行的话题，并且不过度打断。但在倾听过程中产生灵光一现的想法时，你也不能让它们溜走。在面谈中关于积极倾听的一系列工具包括专注、复述、确认和共情。

专注。倾听并保持思维清晰的确是一项挑战。就像冥想练习一样，当你的思绪发生飘移时，要及时把它带回谈话中，这才能让面谈者专注于眼前的谈话内容。

复述。我第一次接触到"复述"这个概念是在差不多 20 年前哈维尔·亨德里克斯（Harville Hendrix）主持的一个关系研讨会上。从那时起，我发现这个概念是各种类型沟通的核心，无论是非正式的交谈、夫妻关系沟通还是商业决策甚至人质谈判都需要用到。基金经理面谈也是复述的应用领域之一。

复述就是模仿对方所说的话。这听起来简单，但做起来并不容易。在面谈中，优质的问题往往是在一个话题刚结束时自然而然涌现的。通过复述对方的部分想法，你可以确认自己听明白了，也能让对方觉得自己被理解了。复述利用情感的共振，放慢了谈话的节奏，同时缓和了情绪。因此，它创造了一个非常安全的交流空间。

确认。"确认"能够让对方觉得他所说的话是符合逻辑的。无论是否同意这些观点，你都可以确认它们是符合思维逻辑的。有效的"确认"只需要你去努力理解而无须表态，因为很多时候，人们会对被访者的言论和反应有不同的看法，而"确认"的诀窍就在于只需确认他们的观点而并不需要认同。

共情。表达共情可以让被访者敞开心扉讨论一些比较难的话题。共情往往与投资者预期相反，因为在金钱世界中共情会使投资者远离思想而触及感情。

收获反馈，及时发现疏漏

与大多数高绩效领域的参与者形成鲜明对比的是，大多数专业投资人士并不经常征求反馈意见。优秀运动员有教练，企业高管有董事会和述职会，而基金经理往往是在自己的世界中独立运作。

在播客上进行过的所有访谈中，只有两位嘉宾主动询问过我对他们表现的反馈。想知道这两位嘉宾是谁吗？他们是前世界扑克系列赛冠军兼作家安妮·杜克（Annie Duke）和法南街（Farnam Street）博客的创办者沙恩·帕里什（Shane Parrish），他们是人类行为和决策方面的专家，也正因为在这个领域的深耕，他们更懂得获取反馈的重要性。

在访谈后进行回顾，无论对于播客还是投资来说都很有价值。好在播客能够把访谈过程记录下来，方便我事后回听，并且评估和反思自己的表现。我经常回听我主持的访谈并找出不足之处，也会定期请人帮我一起找。这样做的好处是，我常常能发现我声音中的瑕疵、遗漏的问题以及语法错误，以便改进。我还发现，一个复合的问题通常会导致嘉宾只回答第二部分，而被缩短后的问题也会削弱对嘉宾的影响。同样，资本配置者也可以经常听取自己团队成员与基金经理的面谈情况，以评估他们的表现。

有效访谈的 3 个技巧

许多非常有效的访谈手段其实是一些小技巧。比如 5 个"为什么"、嘉宾最喜爱的问题和在背景调查中访谈技巧的运用等，这些都是首席投资官武器库中非常实用的武器。

技巧 1，讨论 5 个"为什么"

几十年来，"日本制造"一直享誉全球，其中丰田更是以其生产体系而闻名。我曾经在商学院分析过关于丰田的案例，就是讨论 5 个"为什么"。这些问题的缘起，就是丰田生产线上的经理们会问 5 个以"为什么"开头的问题。大野泰一是丰田汽车前执行副总裁，也是 20 世纪 50 年代构建丰田生产体系的先驱，他举了一个例子：[4] 有一次，生产线上有台机器老是停转，修了多次都无果。于是，大野问了如下 5 个问题。

（1）“为什么机器停下来了？”
工人答：“电路过载，保险丝熔断了。”

（2）“为什么电路会过载？”
工人答：“轴承润滑油不足，所以锁死了。”

（3）“为什么轴承润滑油不足？”
工人答：“机器上的油泵没有输出足够的油。”

（4）“为什么机器上的油泵没有输出足够的油？”
工人答：“油泵的吸入口被金属屑堵塞了。”

（5）“为什么油泵的吸入口会被金属屑堵塞？”
工人答：“因为油泵上没有安装过滤器。”

最后大野下令给油泵安上过滤器，生产线恢复正常。

在这个例子中，大野的每个问题都是针对前一个问题的答案而提出的。5 个“为什么”源于日本的“改善”理念，即持续改进。

技巧 2，向嘉宾提出他们最喜爱的问题

在面谈过程中，资本配置者试图探究的是基金经理成功的核心因素。许多受欢迎的话题涉及基金经理的激励、竞争优势、自我意识、文化、竞争环境和预期。资本配置者则会巧妙地提一些看似简单的问题，试图隐藏背后那些可能影响基金经理回答的深层思考。下面是播客的嘉宾们分享的一些他们喜爱的问题，没有注明来源的那些则是我喜爱的。

a. 激励

- 你现在能感觉到乐趣吗？——亚当·布利茨（Adam Blitz）
- “你自己的钱是怎么投资的？”

埃文斯顿资本管理公司（Evanston Capital Management）首席执行官布利茨分享的是一个评估持续动力的普遍性问题。通过这个问题的答案，他可以感受到基金经理对投研业务的热情和参与度，以及他们喜欢谈论什么。

利益一致是资本配置者和外部基金经理间关系的核心。如果基金经理的个人投资和客户利益一致，那就可以被视为是最直接的激励绑定。虽然对于基金经理应该投资的具体金

额人们的看法不尽相同，但大多数人认为，该金额应是可观并能够影响到风险承受能力的。普林斯顿大学投资管理公司首席投资官安德鲁·戈尔登（Andrew Golden）表示，这样做会形成“风险承担的一致性”。即通过了解基金经理的个人投资情况，可以感知到他们的风险承受能力和潜在的有吸引力的投资机会。

b. 竞争优势

- 你的撒手锏是什么？——马里奥·塞里恩（Mario Therrien）
- 你的优势是什么？怎么保持？——比尔·斯皮茨（Bill Spitz）
- 是什么驱使你坚持下去？——帕特里克·奥肖内西
- 如果你有一些非同寻常的事情可以吹嘘，而且并不会显得十分傲慢，那会是什么？——贾森·卡普（Jason Karp）

流于陈词滥调的问题很难帮助你弄清楚到底是什么让一个基金经理与众不同，唯有深思熟虑的提问才能为资本配置者揭示基金经理在方法论和专业知识上的细微差异。

c. 自我意识

- 你从你的合作伙伴那里得到的最棒的反馈或批评是什么？你是如何运用这些经验教训的？——克里斯·多佛斯
- 你有什么问题要问我吗？——道格·菲利普斯（Doug Phillips）
- 你的前任合伙人或者分析师怎么评价你？

优秀的基金经理基本都拥有良好的自我意识且注重持续提升自己。关注他们在事业中所处的位置有助于资本配置者了解他们的思维敏捷性。罗切斯特大学捐赠基金会首席投资官菲利普斯在面谈结束时通常会抛出这个看似无伤大雅的问题，以此来测试基金经理的好奇心。

d. 流程

- 告诉我一个你做了大量研究但最终没有体现在投资组合中的想法？——布莱恩·波特努瓦（Brian Portnoy）
- 你的投资组合中哪个部分与你的投资风格最不相符？——贾森·克莱因（Jason Klein）
- 告诉我你的一次惨败经历。—珍妮·赫勒（Jenny Heller）

- 有什么是你现在知道而 10 年前的你最希望知道的？——马克·鲍姆加特纳（Mark Baumgartner）
- 每位基金经理都可能会被炒掉。最近与你终止合作的 3 家客户是谁，为什么？——查尔斯·埃利斯

塑造财富公司（Shaping Wealth）创始人波特努瓦和纪念斯隆－凯特林癌症中心（Memorial Sloan Kettering Cancer Center）首席投资官克莱因会与基金经理探讨最能反映其投资流程的原则，纪律以及前后一致性。布兰迪集团顾问公司（Brandywine Group Advisors）首席投资官赫勒和普林斯顿高等研究院（the Institute for Advanced Study，IAS）首席投资官鲍姆加特纳则喜欢问其过去犯过的错误。尤其是赫勒的问题中的“惨败”很容易引起关注。埃利斯则要求基金经理讲述 3 个被终止合作的例子，这是为了避免得到过于简单的回答，并且可以侧面了解他们总结学习的能力。因为一般在这种情况下，人们很容易因为情绪问题而错过很好的学习机会。

e. 团队互动

- 在公司内部，你如何获得团队的认可？——金·卢（Kim Lew）

- 你平时有什么消遣？——玛格丽特·陈（Margaret Chen）
- 你如何做决定？——吉姆·威廉姆斯
- 经历过哪些类型的人际冲突，你是如何处理的？

团队是一种复杂的有机体。了解团队内部正式或者非正式的互动规则有助于评估机构的稳定性和持续性。

哥伦比亚投资管理公司（Columbia Investment Management Company）首席执行官金·卢通过探索一个组织的互动规则，深入组织文化的内部。她想弄清楚在组织里怎样才能获得奖励，是加班到很晚，还是帮助他人、提供反馈、培训初级分析师，抑或是讨好老板。

康桥汇世公司（Cambridge Associates）首席投资官玛格丽特·陈通常会在面谈快结束时突然提出一个私人问题，这种问题往往会得到一个没有经过事先准备的答案。她这个问题是想了解什么能让被访谈的基金经理兴奋起来，他们如何领导别人，以及他们如何体验周遭的世界。她发现那些视投资为全部的人其实是令人担忧的，因为他们很容易因为这种激情而产生幻象。

威廉姆斯问了一个看似简单的问题，但事实上则需要用到5个“为什么”来回答。这个问题会涉及整个团队的一致性、投入程度、分歧的解决方式、组织的层次结构、想法的安全性多样性以及整个过程的可重复性。他致力于寻找能让每个成员都理解并支持其决策流程的团队。

f. 预期

- 什么情况下你的策略会表现得比较差？你怎么应对？——塞思·马斯特斯（Seth Masters）
- 如果5年都没有达到你的期望，事后反思的时候你会怎么说？——珍妮·赫勒
- 你如何定义成功？——托马斯·莱内汉（Thomas Lenehan）
- 你的策略的容量是多少？当达到容量上限的时候你准备怎么办？——唐·菲茨帕特里克（Dawn Fitzpatrick）
- 正常情况下你能够容忍的策略最大回撤是多少？

资本配置者可以将自己对基金的预期与基金经理的预期进行比较，尽量确保双方在同一频道上，从而改进对基金的定量评估。

g. 竞争者

- 如果要你把所有的积蓄都交给一位同行管理，你会选择谁？为什么？——唐·菲茨帕特里克
- 你比他（某位同行）做得好的地方是什么？

询问基金经理有关竞争环境的问题有可能让资本配置者找到许多新的机会，好对他们正在考虑的基金经理的相对优点进行更准确的定位。

技巧 3，进行详尽的背景调查

尽职调查接近尾声时，资本配置者会对基金经理进行详尽的背景调查。这个流程是为了确认对基金经理本身和尽职调查过程的信心，把预期调整到合适的位置，让这段合作关系有一个好的开始。对公募基金经理的背景调查集中于个性和期望，而对私募基金经理的调查则侧重于过往的个人业绩。

背景调查的程序要比基金经理面谈更为复杂。一般来讲，背景调查的工作都是资本配置者通过电话开展的，而且事后与通话者可能不会再有交集。此外，参与调查的人与基金经理的交往程度通常比与资本配置者更深，所以每个人都

会带有自己的主观成分，资本配置者必须对这些表述加以甄别。

尽管会存在个人偏差或者主观成分，但细致的资本配置者依然会给调查清单上的人一一打电话进行调查。不过让我感到惊讶的是，资本配置者往往对当红基金经理的背景调查并不充分，通常带有先入为主的成分。如果调查清单上的人表示并不那么认可某些基金经理，而又没有一个合理的解释时，资本配置者可能应该先等一等，再深入调查一下。

对于调查清单上所列的调查对象，资本配置者能够提的最重要的问题可能正如《机构投资者》（*Institutional Investor*）杂志主编基普·麦克丹尼尔（Kip McDaniel）所说的："关于这位基金经理的情况，除您以外我还能和谁聊聊？"清单以外的调查对象可能会提供更为客观的看法，这能帮助资本配置者发现潜在的问题。

资本配置者可以开启全方位的视角，比如询问基金经理以前的老板、同事和下属。我最喜欢的调查对象之一是目标基金经理的前行政助理。背景调查中获得信息的修饰成分越少，资本配置者就越接近真实情况。有一次我甚至致电了被调查对象的前女友，尽管她并不是很欢迎这个电话，但她对前任的回忆的确给了我们一些信息，最终帮助我们促成了一项富有成效的投资。

背景调查的问题设计要参照柔术的那种节奏，在自然的运动中让信息逐步地展现。以下的范例供借鉴：

- 为什么你会被选入背景调查名单？
- 如果他有盲区，会是什么？（这个问题最好是紧接着“如果他有撒手锏，会是什么？”这个问题之后问）
- 不认可他的人会如何评价他？
- 为什么前同事会提到这个（指某个关注点）？
- 如果你处在我的位置，你会问什么问题？
- 你会给他提些什么建议？
- 你会把你父母或者祖父母的钱交给他管理吗？

在过去的几年中，我时常会重操旧业，挑选基金经理并为资本配置者提供建议。有一次，作为某基金会投资委员会的成员，我访谈了一位基金经理。我并没有采用资本配置者惯常的从评估角度出发的面谈形式，而是自然而然地采用了播客的访谈风格。我们先是谈论了一些私人话题，然后从哲学的角度回顾了整个投资委托项目，最后讨论了策略。我积极地倾听、复述、询问“为什么”，并且探讨了其投资组合中一些有趣的主题。令我惊喜的是，这次访谈收获满满，我了解到了很多先前与这位基金经理接触时未曾了解到的信息。

投资团队每天都会与不同的基金经理进行面谈。精心准备、营造环境、积极倾听和收获反馈都是面谈技巧的核心组成部分。

数小时的面谈能够让资本配置者得到大量的信息，并做出聘用、保留或更换基金经理的决策。做出一个正确决定的过程是很棘手的，所以让我们接着学习，以确保所有这些面谈不会白费。

CAPITAL
ALLOCATORS

第 2 章

工具 2，
用流程提升决策质量

如果丹尼尔·卡尼曼自己还在犯这些行为错误，德鲁·迪克森怎么会不犯呢？

——德鲁 · 迪克森

阿尔伯特桥资本创始人兼首席投资官

If Danny Kahneman still commits these behavioral errors himself, how is Drew Dickson not going to?

– Drew Dickson

Founder and CIO, Albert Bridge Capital

早在 2007 年，我的一位朋友主导了对一家欧洲对冲基金的尽职调查，该基金由一家大型基金管理公司的投资组合经理管理。我这位朋友是一家大型 FOF 的研究总监，研究工作极其细致。因此他们团队的工作也是同样细致深入，以至于被调查的基金经理们调侃说像做了一次直肠检查。

我的公司数年前就投了这家对冲基金，由于业绩表现十分强劲，其管理的资产规模迅速超过了 10 亿美元。我观察到，我朋友及其团队收集了比其他任何人都多的信息。他们弄清楚了那位基金经理的一切，包括他的投资方法和所有细节。

在调查过程中，我朋友发现这只基金的收益率波动比较大。而以往，他的公司比较偏爱那些能够带来平稳回报的基金经理。当我指出这并不匹配时，他表示他所在的投资委员会正想往投资组合中加入一点不一样的东西。

掌握了所有可获取的信息之后，投资委员会批准了一笔数额不小的投资。果不其然，此后不久，该基金遭遇了困境，不到一年，该 FOF 选择了赎回。于是，我非常好奇那天在投资委员会上究竟发生了什么。

如果资本配置者缺乏有效的决策流程，那么从面谈和尽职调查中得到的信息都将是无效的。

问题来了：我们似乎天生就容易做出糟糕的决定。行为经济学对这个现象有专门的论述。人类大脑的进化是为了适应野外生存，我们的祖先遇到情况时，选择战还是跑可能是个生死抉择。丹尼尔·卡尼曼在他的书《思考，快与慢》[1] 中把这种行动的直觉称为思考系统 1，即我们做的绝大多数决策是基于直觉的反应。偶尔，我们也会有意识地转向思考系统 2，那会让我们更谨慎地处理信息。

首席投资官应该遵循一个合理的流程，并利用当时已经掌握的信息尽可能地去接近真相。这遵循了安妮·杜克参与创立的非营利组织决策教育联盟（Alliance for Decision Education）的口号："什么是真的，该做些什么。"[14]

让我们首先尝试去理解为什么做出好的决策这么困难，然后再来讨论如何提升决策质量。

为什么做出好的决策这么难

杜克是扑克界的传奇人物，是《在下注中思考》[2]和《对赌》[3]的作者，已经在扑克桌上做了 20 年决策。在每一手牌中，她都会做出一些小的试探，获得实时反馈后，她就有机会评估自己的决策。

杜克在这个领域的研究帮助她理解了人们会做出坏决策的原因。决策和下注类似，都是基于对世事运行规律的某种信念。当一位基金经理买入一只股票或者基金时，他肯定是相信这笔投资比其他选项更优。

人类形成信念的方式是反直觉的。有人可能认为，当我们听到一个想法的时候，会先思考它，再判断它是否是真的，然后形成一个假设。但事实上大脑并不是这样工作的，恰恰相反，当我们听到一个想法，会立刻用思考系统 1 来认定它是真的，稍后才会转向系统 2 来思考并审视这个想法。

信念是建立在事实和预测基础上的，而我们处理事实和作出预测的能力是不完美的。杜克指出，确认偏差、有动机的推理和族群认同是造成我们信念形成过程可能存在缺陷的三种最有害的方式。确认偏差是一个著名的行为缺陷，是指我们容易注意和强调那些能够证实我们已有观点的信息。迈克尔·莫布森说："如果你身处投资行业却没有陷入确认偏差，那我怀疑你没有真正干活。"有动机的推理相当于服用了类固醇的确认偏差，投资者极力想诋毁与他们的假设相矛盾的信息。最后，我们与所属族群的关系也会影响我们的观点。作为投资者，我们总会属于某个族群，比如价值投资族群、趋势投资族群或者长期投资族群。我们不信任族群之外的信息源产生的信息。

仅仅意识到我们的认知偏差并无法消除它们。我们固有的结果导向偏差、自我服务偏差和后视镜偏差等，抑制了我们改进决策过程的能力。杜克所说的结果导向偏差指的是人们无法厘清好的决策和好的结果之间的关系。当资本配置者看到某位基金经理取得了好的业绩，就会认为他一定做了好的决策；而不好的业绩一定来自坏的决策。正如 Arbiter Partners 公司管理层人员保罗·艾萨克（Paul Isaac）嘲笑基金经理时说的一样："向下偏离才叫波动，向上偏离就被称为绩效。"所有投资者都有自我服务偏差，发生好事时就归功于自己，发生坏事时就推卸责任。当一个好的决策产生坏的结果时，就需要思考系统 2 来仔细甄别。但如果仅仅是因为运气好而导致坏的决策过程产生好的结果时，则就很难识别了。后视镜偏差则会妨碍人们准确评估过去的决策。投资者会在潜意识中扭曲某个决策的真实情况。资本配置者既聪明又有思想，但不幸的是，这可能只会强化他们的顽固。他们越聪明，就越善于合理化现有的信念，完善有动机的推理，坚持自己的观点。

挑选基金经理的时间限制并不像打牌那么严格，所以有人认为这会减轻资本配置者的决策压力，但事实是，即便没有时间压力，决策依然可能存在偏差。

团队决策或者以投资委员会的形式来决策更加剧了这种挑战，因为团队成员间的互动会影响每个人独立思考和对真相的探究程度，而这正是做出良好决策的两个最重要的先决条件。

然而，首席投资官一般都是与团队一起工作，所以下面我们就来讨论如何改进团队的决策过程。

改进团队决策过程的 3 个步骤

我即将要分享的内容有好消息也有坏消息。让我们先从坏消息开始吧。我们天生就有做出坏决策的倾向，即便我们已充分意识到自身的所有问题，无论看了多少遍卡尼曼的书，或者听了多少遍杜克的播客，我们仍然会犯相同的错误。

先深呼吸一下。接下来说好消息吧。好消息就是这种认知会驱使我们设计出一个系统来减轻这个倾向。我们无法改变大脑的工作方式，但可以用一种新的方式来思考，即努力找到真相的准确表述，并认识到我们只会经历许多可能发生的结果中的一种。这两种心理模式能让我们坦然面对不确定性，减少过度自信，而鼓励提出相反的观点。

首席投资官们可以采取几个步骤改进决策流程。首先是仔细设计团队的结构。一旦完成了这一步，就可以往决策流程中加一些步骤以提高做出更好决策的概率。

步骤 1，设置良好的团队结构

设置良好的团队结构为健全的决策过程奠定了基础。团队协作可以比个人更有效地发掘和权衡投资决策所产生的一系列可能结果。“可以”是一个重要的告诫，因为一个建设或者管理不善的团队反而会加剧行为偏差。

团队的规模、延续性和多样性都会对首席投资官的决策有效性产生显著影响。

（1）**最优规模。**绝大多数首席投资官会忽视内部小团队的规模。团队的规模各有不同。莫布森引用了一项研究的观点，即一个决策单元的最佳规模是 4 ～ 6 个人。杜克则认为，一个只有 3 个人的团队会非常有效。

（2）**延续性。**团队在一起合作的时间越长，首席投资官的决策能力也就越强。因为多次重复可以让团队获取共同的知识和意识，增强对决策过程的信心。那些有能力和财力留住团队关键成员的首席投资官，比如大卫 · 史文森和斯科特 · 马尔帕斯，一直都是其领域的翘楚。

（3）**认知多样性。**一个理想的团队应具备认知的多样性，即团队成员会有不同的想法。具有认知差异的团队成员可能拥有不同的背景、训练经历、经验和个性。社会多样性（种族、性别、年龄、家族渊源等）可以提供广泛的生活经验和视角。然而有趣的是，社会多样性并不总是导致认知多样性。良好决策的关键在于团队的成员拥有真正多样化的想法，而不是表面不一样但想法却雷同的成员。

首席投资官们要谨慎地游走在多样化的想法和团队凝聚力的潜在冲突之间。要达到认知的多样性，必然要将来自不同文化背景的成员聚集在一起，但由于行为准则的差异，他们可能会本能地对彼此的观点抱有偏差。Zetta Ventures 投资公司总经理阿什·方塔纳（Ash Fontana）总是尽最大可能把不同文化背景的人融到同一个团队里。

弥合多样性与凝聚力之间的裂痕是一项挑战。莫布森建议寻找高“理商”（Rational Quotient，RQ，理性商数）的人。理性的思考者更善于接受差异性，从而更容易从认知多样性中获益。组建好一支高理商、认知多样化的团队后，就会开始顺利推动各项事情的进展。团队选择的方式将会决定事情的成败。

步骤 2，通过引导清除决策过程中的障碍

一旦团队组建完成，引导是否得当将显著影响团队的表现。良好的决策过程鼓励认知安全、独立思考和行为意识。

（1）认知安全。团队成员想要自由地表达不同的观点需要有安全感。这种安全感很大程度上来自团队的领导者，他通过自己的言行为团队定下基调。美国威廉和弗洛拉·休利特基金会首席投资官安娜·马歇尔（Ana Marshall）在她的团队成员开始表达自己的独立观点之前，会提醒他们“争论的时候要认为自己是对的，倾听的时候要认为自己是错的，要乐于改变观点”。

这样一来，团队的其他成员会自觉或不自觉地集中注意力。高效的领导者会鼓励协作、鼓励破圈的思维，并在好的过程产生坏的结果时避免相互埋怨的情况发生。

（2）独立思考。团队决策时的发言顺序会显著改变最终的结果。当一个受尊敬的领导者或者被认为是专家的人发表意见时，团队中其他成员的独立观点就会受到影响。如果一位风险投资专家和一位新基金经理各自认为某个投资机会是绝佳的，那么团队中的其他成员更有可能听从专家的意见，而保留可能有的疑虑或者反对意见。

高效的领导者会通过巧妙的会议安排，来防止自己的观点对他人造成影响。首先，他们会让最年轻的或者经验最少的成员先讲；其次，他们会引导谈话远离群体中有影响力的外向型成员，使内向者有平等参与的机会；再次，在团队中的其他人都发言之前，他们不发表自己的观点；然后，他们会以概率的口吻来阐述，以表达不确定性，并邀请大家讨论；最后，他们会引入投票的方式，以避免成员本身的影响力和他们之间的关系对决策产生影响。

（3）行为意识。每个团队成员都带有自己的偏差。如果团队成员间能够互相理解彼此的个人偏差，那么这样的团队就更不容易受到干扰，从而更有效地直达问题的核心。

金·卢要求她的团队成员把那些妨碍他们客观看待某项投资的因素写下来，比如他们愿意在哪里铤而走险，或者为什么错过本该抓住的机会。她还要求团队想办法制衡这些偏差。对于某类资产过于自信的成员可能需要被敲警钟，而某些风险厌恶型的成员则需要被鼓励。当团队成员们可以感知彼此的特点时，大家就可以更好地合作，从而制定更优的决策。

对一些普遍的偏差保持警醒，可以帮助首席投资官清除决策过程中的障碍。在团队内部，首席投资官要特别注意强调对事不对人的准则。他们要引导团队成员去正确看待结果，专注于事实本身，而非情感因素。

步骤 3，准备制定决策要考虑的因素清单

一旦团队结构和引导规范就绪，首席投资官就可以准备决策制定过程中需要考虑到的因素清单。这些因素包括概率思维、结合历史数据、进行风险评估、检查偏差和获得反馈。

（1）运用概率思维。高效的团队一般喜欢用概率说话。杜克在《在下注中思考》中推荐了一种有趣的说法，当某些人言之凿凿地表达某个观点时，你可以问他："想打赌吗？"挑逗某人打赌会让他意识到他的观点并不一定是板上钉钉的，之后他们会本能地从思考系统 1 转向思考系统 2，从而迫使团队其他成员也从确信无疑转向不那么确定。鲍勃·鲁宾（Bob Rubin）在高盛著名的风险套利部门任职时有一条规定：任何人在谈论一个投资想法时，都必须用预期收益率的概率树来构建讨论框架。

在两个选项中做出重要选择时，杜克在《对赌》一书中推荐了 6 个步骤。为每一个选项创建单独概率矩阵，包括以下要素：所有可能出现的合理结果、每种结果的回报以及每种结果出现的概率。遵循这 6 个步骤会激发反事实思维，决策者能将他们的视角扩展到最大概率的结果之外，可以更加

全面地考虑各种潜在的可能性，在这里就不展开说了。

（2）结合历史数据。结合历史数据，或者开启外部视角，是一种抑制过度自信的高效手段。

绝大多数情况下，我们都是在用内部视角做决策。每当遇到一个投资机会，我们先是收集尽可能多的信息，然后做尽职调查，再以我们的经验和判断来对未来做一个预估。

而外部视角则要考虑的是类似情况的统计样本。资本配置者并不是只看某个特定投资机会的预期收益和风险，而是研究过去大量的类似机会，以便做出正确的决策。

例如，某位分析师正在对亚马逊公司的股票做出预测。该分析师认为，亚马逊未来 10 年的营收将以每年 15% 的速度增长，并构建了一个异常详细的模型来解释亚马逊将如何实现这一目标。的确，亚马逊在历史上很长一段时间的增长速度都超过了这一水平，因此，基于历史的表现，这个模型似乎是说得通的。

然而，关于亚马逊未来的营收预测，我们可以先来看看历史数据。找出 1950 年以来经过通胀调整后的营收曾经超过 1 000 亿美元的公司，来观察其后 10 年的收入增长情况。这个样本总共包括 313 家公司，其中没有一家公司在这么大的收入基数上还能实现 15% 的年化增长。有 7 家公司实现了 10% 以上的增长，仅占样本数量的 2%。尽管未来 10 年亚马逊收入保持 15% 增速的可能性依然存在，但是 0 概率的历史数据会提示分析师，他以“内部视角”创建的模型所做出的预测可信度也许比较低。

对于资本配置者来讲，无论是制定自己的投资决策还是评估外部基金经理的决策，历史数据都是很有用的。然而资本配置者往往不太注重以外部视角来观察基金经理这个群体，而是依赖他们自己对于某个基金经理的评估。许多首席投资官对于对冲基金的平均回报持谨慎态度，却对自己的投资组合中的对冲基金很乐观。所以说，如果能在研究过程中把历史数据整合在内，会显著抑制过度乐观的预期。

另外，资本配置者对基金经理进行尽职调查时也可以把他们对于历史数据的应用纳入考量范围。在选股时能统筹考虑外部视角和内部视角的基金经理更容易做出更好的决策，而不熟悉这个概念的基金经理则可能会存在盲点。

（3）进行风险评估。当选择基金经理的工作完成后，资本配置者不妨退后一步，重新思考哪一步有可能存在风险。“事前检验”分析法、“红队”分析法、魔鬼代言人和赞成/反对列表等工具都有助于首席投资官发掘被忽视的风险。

第一，“事前检验”分析法。加里·克莱因（Gary Klein）是一位认知心理学家，他的研究领域是怎样让专业人士的职业技能变得更加熟练。他创造了“事前检验”分析法来帮助战斗机飞行员。“事前检验”分析法是一种风险管理工具，它按时间逆序进行分析，以发掘可能尚未被考虑到的其他可能性。

下面举一个使用“事前检验”分析法的例子。

a.“计划失败了”。一位首席投资官启动了“事前检验”分析法，他告诉团队成员，他从水晶球里看到他们的计划在未来失败了。以这种方式来组织谈话，而不是问“会出什么问题”，改变了人们遭遇挫折时的心态。这种“倒叙”的方式使大脑有机会从完全不同的角度进行思考和推理。

b. 等一等。首席投资官给了团队几秒钟时间来面对这个现实，这个计划失败了。

c. 把发生的情况写下来。每位团队成员都用两分钟时间独自写下可能导致计划失败的原因。两分钟足够他们思考，但又不会冗长到使大家厌倦，而且把想法写下来的方式能有效地鼓励独立思考。

d. 从领导者开始，一次分享一个想法。首席投资官最先开始分享一个可能导致计划失败的原因。从一开始，他就要有意识地采取严肃认真的态度，这样其他成员才会效仿。

首席投资官可以依次提问团队成员，要求每位成员每次只分享一个潜在问题。这种形式能够鼓励内向者直言不讳，而控制外向者轻易地主导讨论。它既保障了认知安全，又允许每个人提出自己的想法。接着，首席投资官可以继续引导讨论，直到每个团队成员说出所有的想法。

e. 写下可以降低风险的措施。看到所有可能出错的地方之后，团队需要再花两分钟写下他们各自想到的可以防止这些后果出现的所有方法。

f. 分享可以防止风险的措施。接下来，首席投资官可以发起新一轮讨论，听取可以降低前述风险的措施。

g. 结束会议。首席投资官可以宣布休会，相较于之前，现在已然掌握了一系列额外的信息，可以用来帮助更好地决策。他们可以重新评估之前的决策，并利用“事前检验”分析中的所有发现来制订新的行动计划。

“事前检验”分析法比任何其他技巧更能减少决策过程中的过度自信，培养坦诚的团队文化，使团队更有智慧。

第二，“红队”分析法。安德鲁·戈尔登喜欢使用“红队”分析法。他指定团队中某个特定的小组为红队，负责督导整个研究，并在其他团队成员（即蓝队）提出的建议中寻找漏洞。“红队”分析法比“事前检验”分析法更耗时，也需要更多的资源。

“红队”分析也可能带来一系列潜在的偏差。团队领导者同样需要保护团队成员的独立思考和认知安全。更重要的是，红队必须切实担负起责任。红队和蓝队的成员其实是同一个机构的同事，如果红队成员在提出自己的批评意见时有所顾忌，那这个方法就会失去效果。而当红队成员们具备不同领域的专业知识，并且所提出的建议没有掺杂个人利益时，这种“红队”分析才是最有效的。

第三，其他风险管理工具。“魔鬼代言人”和“赞成 / 反对列表”也是可以用来识别风险的工具。“魔鬼代言人”是团队内部指定一人为魔鬼代言人，其任务是在讨论中寻找其他漏洞。“红队”分析法通常比“魔鬼代言人”更有效，因为“魔鬼代言人”缺乏认知多样性，并且容易引发团队成员间的对抗性。然而，如果当团队受到资源限制时，“魔鬼代言人”也可以为投资决策过程增加一个有价值的步骤。

列出某个决策的积极因素和消极因素的“赞成 / 反对列表”是一个合理的起点。这总比完全不考虑其他选项要好，但克莱因的研究发现，在发掘团队创造力方面，“赞成 / 反对列表”不如“事前检验”分析法那么有效。

（4）检查偏差。首席投资官们在即将做出决策之前，可以用一份清单来审查制定决策过程中可能存在的偏差。时机的选择和过度的自信是可能影响投资决策的两个因素。

从表面上看，所有投资研究得出的结论都指出，机构和个人都是追逐业绩的。我们都倾向于在基金经理或股票有了强劲表现之后再申购或买入，在疲软期后期赎回或者卖出。虽然我们可以构建高效的团队、充分考虑历史数据、进行“事前检验”分析，但我们依然会做出倾向于追逐业绩的决策。把选择某位基金经理和投资时机分开，有助于减弱这种偏差。对某位基金经理有强烈的兴趣并不等同于要在热情高涨时就立即投资。

一般来说，首席投资官及其团队对某位基金经理的热情会在他们投入资金的第一天达到高潮。因为整个团队在研究上投入了大量时间和精力，已深陷新的委托关系中。此时乐观情绪高涨，过度的自信很容易潜入他们的思维。在做决策时，我们通常会高估基金经理的优势，而低估某种策略在未来的波动性。对投入的仓位大小进行适当的复核有助于消除这种偏差，过度自信可能会导致仓位高于合理水平，而保守地建仓则使我们有机会对未来进行更符合现实的评估。某些投资也会提供止损的机会，这避免我们在情绪失控时犯错。

（5）收集反馈。有时，尽管我们做出了很好的决策，但是效果却并不好。比如，回顾我与巴菲特的赌约，我至今仍然相信那是一个很好的决策过程，而且我的赢面更大。而有时，我们也会做出一些糟糕的决策，但结果却并不坏。杜克曾分享说，她退出学术界去打扑克是她一生中最糟糕的决策过程之一。

作为个体，我们的自然倾向就是会从决策产生的结果中吸取错误的教训：坏的结果不是我们的错，但好的结果一般是来自好的过程。我们需要得到反馈来帮助我们日后做出更好的决策，来改进和加强投资决策过程。决策日志、决策小组和运气的作用，这些都是在决策流程中建立反馈环的有用工具。

a. 决策日志。想要改进投资决策流程需要准确陈述决策时已知的事实和信念，不要让后视镜偏差模糊我们的记忆。决策日志能够确保首席投资官从对过去决策的回顾中学习和成长。

我之所以对与巴菲特打赌的决策质量深信不疑，部分原因在于我在下注时写的一份白皮书。我对胜率的评估是基于外部视角的一个事实，即标普 500 指数在过去 10 年中的表现从未超过对冲基金指数。然而，我没有进行“事前检验”分析，否则我应该会发现市场可能发生的变化，从而抑制我的过度自信。

杜克从学术界转到扑克界时，也没有这样的过程。她回首往事，觉得自己一开始甚至连打扑克的决定都没有做，因为这是当时唯一的一条路，她只能这么走。因此，她现在回想起来认为这是一个糟糕的决策过程。

b. 决策小组。首席投资官可以创建决策小组成员来解决“决策清洗”的问题。一个有效的决策小组应遵循前述所有的行为原则，确保公开和坦诚的沟通。这个小组的使命是寻找与决策相关的事实和真相，而不是决定谁是对的。

杜克用缩写词 CUDOS 来描述一个好的决策小组的特征。

- C：共享（Communism）。无保留地共享所有的数据，尤其是那些可能会否定某个观点的信息。
- U：平等（Universalism）。寻求客观真相，警惕因为提出者的身份不同而区别对待不同的观点。
- D：客观（Disinterested）。警惕我们情感上的利益冲突，注意动机性推理、确认偏差和后视镜偏差。
- OS：客观的怀疑精神（Objective Skepticism）。以合理的怀疑态度看待世界，比如事情为什么是假的？

c. 运气的作用。随着基金经理技能的增长，运气会在结果中起到越来越大的作用。莫布森指出，运气对于基金经理投资结果的影响，就像运气对于过去几十年美国职业棒球大联盟击球手的影响一样。不过，基金经理往往忽视运气的作用。在布莱恩·波特努瓦见过的众多基金经理中，他发现绝大多数人在业绩好的时候，都不会认可运气对于高回报率的贡献。好的业绩显示出能力，坏的表现则是因为坏运气，这是自我服务偏差的教科书般的例子。

资本配置者需要有耐心并收集大量的信息来区分基金经理的运气和技能。詹姆斯·欧文基金会（James Irvine Foundation）首席投资官蒂姆·雷克（Tim Recker）提醒他的团队：一个商业周期可以持续 7 ～ 8 年，有些基金经理需要用一个完整的商业周期来证明他们的策略是有效的。

做出正确的决策并不容易，我们天生就不擅长于此，所以才需要建立合理的流程来弱化我们错误的偏差，这可以使我们的决策质量不那么糟糕。

投资理念也并不是非黑即白。已知和未知的风险蕴含在每一项投资决策之中，而在团队中达成诚实的共识其实很少见。高效运作的团队会挖掘出许多情境来为潜在的结果分配概率，从而为首席投资官提供完整的信息拼图以供决策。

当首席投资官决定聘用一名外部基金经理时，他们可能会发现其实自己是价格接受者，需要接受基金经理提出的条件。当然，在有些情况下，首席投资官也可能会就这些条件进行谈判。下一章我们将讨论如何充分利用这些机会。

CAPITAL ALLOCATORS

第 3 章

工具 3，用谈判“做大蛋糕”

谈判是一个学习的过程。

——戴连·凯恩

耶鲁大学管理学院谈判高级讲师

Negotiation is learning.

– Daylian Cain

Senior Lecturer in Negotiations,

Yale University School of Management

首席投资官的任务之一是就大大小小的问题进行谈判。他们抱着一种合作的心态，喜欢和他们选中的基金经理站在同一边。确定接受一个新的基金经理，需要经过漫长的寻找和尽职调查过程，所以首席投资官往往害怕就各种关系条款进行谈判，许多人也在为无法赢得谈判而自责。

首席投资官在管理公司时，需要定期就薪酬、参会人员以及其他事宜和别人谈判。而一天的工作结束回到家中，他们可能又要与家人“谈判”。

我在商学院学习过关于谈判的理论。通过从“说不”[1]到“说是”[2]的学习，我懂得了谈判应该致力于达成一个令双方都感到满意的协议。这些理论涉及一些首字母缩略词，比如找到一个可能达成协议的区域（Zone of Possible Agreement，ZOPA），了解你的协议的最佳方案（Best

Alternative to Negotiated Agreement，BATNA），以及通过“走到阳台”来管理情绪。我们被教导要关注利益而不是立场，要努力寻找“做大蛋糕”的方法，并设身处地为对方着想。当时我很兴奋地想，在我的未来会遇到许多高效、积极、双赢的谈判。

然而，事实却是我遇到的每一次重要谈判都令我恼火。正如做决策时认识到的行为偏差与事实上应避免的行为偏差完全不同，实践中的谈判也完全不同于理论上的谈判。耶鲁大学管理学院谈判高级讲师凯恩以比较务实的方式教授谈判技巧，并提出了一些建议，用来改善谈判结果。他的课程可以分为准备、更新观点和交易技巧三个部分。

做既恰当又充分的准备

谈判者可能犯的最大错误就是准备不充分。凯恩对他的学生进行了广泛的实验。他经过持续观察后发现，无论谈判技巧如何，最后总是准备最充分的学生得分最高。恰当的准备包括评估自己和交易对手的利益以及应急计划等。

明确自己的利益

你可以用包含以下这些问题的计划文件来帮助组织自己的想法：

- 你想要什么？
- 你为什么想要它？
- 你的优先级是什么？
- 你愿意付出多少对价？

“要什么”和“为什么”都很简单。但是“优先级”和“对价”会有点复杂。我们的最高优先级就是想从谈判中得到的东西，而低优先级的东西则是可以作为对价去交换最高优先级的。

良好的计划要考虑好各种选项的对价，即筹码的价格。我们给不同优先级的选项定价是不同的，把每个价格都用数字表达，可以把隐含的选项变成明码标价的选项。

例如，你要在一个新的地方工作，并且要买房子，那么可以考虑一下上班通勤的价格。因为想要买更多的土地或更大的房子，每天的通勤时间就要多加 15 分钟，这值多少钱？这用金钱来衡量似乎有些奇怪，但你选择买的房子和你付出的代价恰恰都是用钱衡量的。或者我们可以提前计划，有意识地为自己的利益定价，也可以顺其自然，听凭别人为我们定价。在投资决策中，首席投资官会权衡明码标价的利益，比如长期持股的费用折扣，也会考虑定性的对价，如透明度的价值，等等。

考虑对手的利益

计划的另一方面是从同样的角度去考虑对手的利益。

- 他们想要什么？
- 他们为什么想要它？
- 他们的优先级是什么？
- 他们愿意付出多少对价？

大多数人在进入谈判之前都不甚了解对手。我们只需稍微花一点时间和心思就可以弄清楚自己的利益所在，但要了解对手的利益和诉求，则需要从其他人那里收集信息。无论是谈合作条款还是新职位的条款，我们都能找到比我们自身更了解对手诉求的人。

凯恩建议在谈判前两星期就开始了解对手的诉求和利

益，以便收集数据和深入思考。即使想要了解某些细节很有挑战性，但花时间考虑交易对手的利益能让你在谈判过程中更灵活地更新和修正自己的观点。

规划应急计划

许多人在参加谈判时都带着必胜的信心。他们清楚地了解自己想要得到的一切，并认为能够得到它，然后完美结束。然而，对手也完全可能做了同样的准备。事实上，实际的谈判过程会遇到一些限制，使双方都无法从对方身上获得所有预想的利益。

规划应急计划时可以描绘出谈判中各种可能出现的路径。我们可以把谈判过程想象成下棋，考虑一下如果你的对手移动了一个士兵、一个马或者王后，你会采取什么行动。研究并储备一些可能的替代方案非常有助于对谈判过程的规划。你越充分地演练不同情境下的应对措施，就越对谈判路上可能遭遇的波折有备无患。

通过积极倾听获取谈判优势

请想象一下，你拿着经过充分准备的己方和对方的谈判清单走入谈判室，你拥有足够完备的信息，就一定会带着理想的协议离开。一个优秀的谈判者所必备的那些特质固然很重要，比如气质、自信和议价能力等，但是与确切地知道对方想要什么相比，它们就都显得微不足道了。

一旦谈判开始，你要尽力去更多地了解对方。你可以把谈判的过程视作一个发现的过程，而非战斗的过程。当你更新了对对方的诉求、优先级和对价的了解程度之后，你将在这些关键因素的指导下完成整个谈判过程。

想要做到这些，只有一种方法能够帮助到你：倾听。凯恩的研究表明，大多数人都抑制不住在谈判中陈述自己观点的冲动，但事实上，倾听更能有效地获得优势。谈判中表现出积极倾听的方式和访谈时的倾听技巧异曲同工，包括专注、复述、确认和共情等方面。

保持专注

想要谈判结果走向成功，你需要稳定你的情绪。如果想让对方多说话，你就需要让他们感到安全，用务实和专注的态度，为对手营造一个氛围，并让他感受到。当你发现自己分心的时候要提高警惕，迅速回归，并重新专心倾听，跟上对方的讲述节奏。

复述

高效的复述要注重两点，一是要简洁，二是不要试图借机解决问题或者捍卫自己的立场。可以用以下的句式来开始你的复述：

> 我想确认一下，我听到的是……
>
> 听起来你是在说……

当你复述完成之后，你可以和对方确认，“你说的是这样吗”或者“我复述得准确吗”，并且允许对方纠正，然后再复述一遍这些被纠正的部分。

确认

“确认”在谈判中尤为棘手，因为当相反的观点出现时很容易引发人的情绪反应。这时，你可能不同意对方所说的话，但你仍然可以设身处地为他们着想，确认他们的观点。在确认他们的立场之前，不要去争论或表达你的观点。

你可以用以下句式来表达确认的意思：

如果你相信 x，那么你的话确实是有逻辑的。

如果你认为是 y，那么你想要 z 是有道理的。

既然我听到你说的是 x，那么你想要 z 是有道理的。

共情并且保持好奇心

在某些情况下，表达共情可以缓解谈判僵局。对于那些难以进入共情状态的人，凯恩建议用好奇心取代，即在厘清对方的利益之前，要对对方的诉求保持好奇心。无论是同理心还是好奇心，都会帮助你从对差异点的聚焦中解脱出来，把反击、抗辩或不认同放在一边。

谈判过程中的 7 个可行技巧

恰当又充分的准备、积极的倾听和沟通技巧是谈判过程中重要的必备条件。此外，凯恩还提供了 7 个可行的技巧，可以为谈判过程提供帮助。

发挥协同效应

谈判中的参与方很少拥有同等的议价能力。比如，首席投资官一般都负责管理一个庞大的资金池，而对方只是一个初创的对冲基金；风险投资公司的投资能力可能有限，但投资者的需求却可能严重过剩。更有实力的一方通常都会分得相应比例的蛋糕。我在商学院的谈判课程中学到了“把蛋糕做大”的理论，它鼓励参与方想方设法把蛋糕做大，而不是仅争论如何瓜分。

凯恩建议，较弱的参与方要设法识别出交易的特定协同点，并努力将这些协同点一分为二。特定的协同点必须参与方共同努力才能获得。重要的是，描述这些特定协同点并不会导致较强的一方让出部分利益。协同效应能带来的经济价值才是关键，如果较弱的参与方对于达成这些协同效应来说是至关重要的，那么他们就能获得比原先更大比例的利益。

寻找非货币利益

金钱是商业活动和投资谈判的驱动力，对双方都有价值，是胜负手所在。但对财务方面的关注可能会导致忽略同样有价值的非货币利益。寻找非货币利益，将为谈判带来更多价值。

创造小输大赢的聪明交易

谈判不可避免地会涉及让步。与其试图把每一项都均分成两半，不如创造一方大赢、另一方小输的条件。聪明的交易可以为双方都增加价值。

签署对赌协议

交易双方通常都会对未来有不同的看法。比如，企业的出售方相信企业会有更快的内生增长速度，但收购方则可能认为他们带来的分销网络将更大程度地促使企业扩张。对赌协议有助于交易双方解决关于未来的分歧。出售一家企业获得的收益取决于成交价格，而成交价格又取决于交易结束后企业的表现。

提前判断是否要“先下手为强”

行为心理学认为，抢先出价的一方会受益于锚定效应。但凯恩认为，关于出价顺序的研究还没有定论。如果你在没有充分了解对方利益的情况下先行一步，结果可能是徒劳，更有可能会在不知不觉中把价格锚定得太低。只有当你尽可能多地了解了对方的利益和诉求点后，先出手并锚定在高处才是有效的。

转换表达方式

在谈判遇到困难的时候，使用温和的语言可以帮助双方继续保持接触。FBI 前人质谈判代表克里斯·沃斯（Chris Voss）在《掌控谈话》(*Never Split the Difference*)[3] 一书中讨论了换种方式表达“不”的重要性。将否定变成进一步探讨的可能性，可以将交易破坏者变成交易达成者。他推荐了以下可以缓解僵局的表达方式：

> 看来这对你不管用，那怎么办才比较好？
> 你需要些什么才能继续谈下去？

善用离席带给对方压力

在谈判过程中离席而去会给对方带来压力，迫使其重新考虑自己的立场。只要给自己留下可以重新进入谈判的余地，离席有时是最有价值的工具。

凯恩发现，让他的学生做出离席的举动很难。在他的谈判课上，他曾经要求学生每学期至少离席一次才可以通过这门课。但即便如此，直至最后一次谈判，至少有一半学生还从未离席过。凯恩提醒他们，只需要离席然后再回来就行了，虽然明知这么做就能通过考试，可他们还是做不到。

离席会使对手产生焦虑和危机感，从而有可能在谈判过程中获得更多利益。在某些情况下，这是一个非常成功的策略。

谈判是投资研究、管理投资机构乃至生活中都必不可少的一部分。精心准备、更新信息和有效沟通可以使首席投资官为其服务的对象提供更多价值。

面谈、决策制定和谈判的各种技巧使首席投资官可以更好地实施其投资策略。不过，大多数人都不是一个人工作，因此如何带领团队是做好所有这一切的关键。

CAPITAL ALLOCATORS

第 4 章

工具 4，用领导力推动团队执行

成功的投资者聪明、专注、勤奋，有着非凡的洞察力，但这些特质很少能延伸到团队管理层面。

——乔恩·赫特尔

卡拉汉公司执行总裁

Successful investors are brilliant, focused, and hard working with tremendous insights that rarely extend to managing people.

– Jon Hirtle

Executive Chairman, Hirtle, Callaghan & Co.

首席投资官有两个全职工作：管理资金池和管理团队。很少有首席投资官接受过领导力方面的培训。行业内以学徒制形式传授的绝大部分是管理金融资本方面的知识和技巧，管理人力资本方面的培训十分匮乏。

我虽曾与许多优秀的基金经理共事过，但我关于领导力和管理他人的经验都来自耳濡目染。我和同事们也从来没有学过这类课程。因此，我在这方面的许多心得都是来自对失败案例的观察。

首席投资官必须学会如何领导团队。播客中一些在领导力方面有专长的嘉宾，大多都是在其他领域中学习了相关的技能，比如，橄榄球教练兼评论员迈克尔·隆巴尔迪（Michael Lombardi）、领导力教练戴维·布尔·格法因（David “Bull” Gurfein）、考恩（Cowen）资产管理公司的杰夫·所罗门（Jeff Solomon）。所罗门讲述了他在夏令营期间学到的功课：

> 你终将和一群人待在一间小屋里，要一直待下去，24小时，一整天，每一天。这可能会非常困难，但你必须继续下去，因为你别无选择。逐渐地，你学会了如何融入一个团队，如何与团队相处，如何找到你喜欢的人，以及如何与你不喜欢的人周旋。在这个夏令营度过的每一天就是在想怎样混到最后一天，并且找些乐子。这些在夏令营中学到的东西就是在团队中人际交往的基本技巧。

优秀的领导者会采用以下经验法则，它们是领导力培训的一个通用框架。

- 定义愿景
- 制定行为准则
- 持续、频繁地沟通
- 展现真实
- 激励和驱策
- 拥抱变革

定义愿景，为公司文化设定基调

成功的领导力始于为团队定义一个共同的愿景，这句话就是西蒙·辛克字典中的“为什么”。[1] 高效的领导者总是先创造愿景，然后反复、充满激情地阐述愿景，并对这个愿景深信不疑。

愿景是文化的关键驱动力，即使难以界定，我们依然能够了解、感受和拥抱它。它渗透到企业从招聘决策到投资决策的方方面面。明确的使命能吸引志同道合的员工，激发他们的热情和忠诚。领导者要设法使团队成员相信自己是比所做的日常工作更大的蓝图中的一部分，并以此来激励他们。

洛克菲勒资本管理公司（Rockefeller Capital Management）首席执行官格雷格·弗莱明（Greg Fleming）在早期担任管理顾问期间就发现，最成功的商业领袖都有一个严密、清晰并不断宣扬的愿景。例如，迪士尼公司已退休的前首席执行官鲍勃·艾格（Bob Iger）在接手公司时，就将公司的愿景描述为“打造高质量、品牌化的内容，拥抱科技，实现业务全球化”。[2] 从那时起，这一愿景就成了迪士尼公司前进的灯塔，照亮了从并购策略到内部目标的方方面面。

格法因是一位受勋的海军陆战队老兵。很多年前，他就受训成为一名随时有生命危险的领导者。他把领导力定义为“一种信任和纽带，涵盖如何制订计划和下达命令的一系列原则”。在海军陆战队，指挥官的意志就是愿景。每次出征前，指挥官会阐述清楚谁、什么、何地、何时、为什么和怎么做。指挥官的意志就是为什么和怎么做，为什么要执行这次任务，如何完成任务。

隆巴尔迪解释了以可持续发展为导向的领导者比以解决问题为导向的领导者更容易获得成功的原因。前者有基于长期的愿景，而后者的愿景在于解决更多紧急的问题。

珍·普罗塞克（Jen Prosek）是一家公关公司的领导者。她把自己的团队称为“企业家组成的军队”，通过这个称呼，她表达了一种可持续导向的愿景。

帕特里克·奥肖内西把“学习、构建、共享、重复”这4个词定义为奥肖内西资产管理公司的愿景。这一愿景涵盖了公司量化研究和软件平台的所有方面，即团队成员应不断学习，在构建新产品、新服务或增强现有功能方面发挥作用，与客户和同事分享新发现，并反复这样做。在这种愿景的指导下，一种注重学习和实践的文化很容易就形成了。

所罗门给考恩公司设立的愿景是“远见、坚韧和同理心”。这些词语充分说明了考恩公司与其他金融服务机构的不同之处。“坚韧”也许是华尔街的老生常谈；“远见”意味着一种创业心态，这种心态使公司区别于那些已经成熟稳定的组织；而“同理心”超越了人们对金融业的一般印象。这三者的结合很特别，它们已经创造了一种独一无二的文化，并塑造了团队成员独特的性格。

愿景为公司文化的统一设定了基调。要想使愿景保持活力，就要真正地跟随它，并常常讨论它。

制定行为准则，告诉团队成员如何行事

加州大学洛杉矶分校的传奇篮球教练约翰·伍登（John Wooden）在每年训练开始时的第一节课上，都会教他的队员如何正确系鞋带。通过仔细学习赛前准备的最基本步骤使队员们明白，关注比赛的每个细节是伍登教练期望他们达到的基本要求。

确立愿景之后，领导者告诉团队成员该如何行事与表现。重要的是，团队将更加关注领导者的行为而不是他们的

言辞，行胜于言。比如伍登教练在第一次训练时提出了一个观点，但如果他每天出现的时候都鞋带散乱的话，队员们很快就会忘记这个教诲。好在这位衣冠齐楚的领导者每天都在践行自己的说教，从而强化了他要传达的信息。[3]

领导者通过身体力行来展示他们倡导的文化。他们决定了行动的节奏、强度、沟通方式、对他人时间的尊重，以及渗透到组织中的大量无形的东西。

隆巴尔迪曾为比尔·贝利奇克（Bill Belichick）和比尔·沃尔什（Bill Walsh）工作。他用充满尊敬的语调描述了爱国者队教练贝利奇克和49人队教练沃尔什的工作习惯。贝利奇克工作起来一丝不苟，效率很高。他要求每场比赛的准备工作从前一场比赛结束后不久就要开始，整个赛季，每星期都要从清晨训练到深夜。沃尔什则为队员们设定了明确的目标，要求他们有礼貌，有求知欲，并与时俱进。无论是对进攻组还是防守组，他都是高标准严要求。

查特里·西尤堂（Chatri Sityodtong）将自由搏击界熟知的“勇士精神”作为一项综合格斗赛事ONE冠军赛的行为准则。勇士精神的内涵是拥有战胜逆境的勇气、毅力和意志力。就像在体育训练中一样，他把工作中的错误描述为被击倒，无论如何，他总是会站起来。这个比喻指向有智慧的诚实。他认为诚实是持续学习的基石，保持谦虚，承认错误，从团队中学习，让 ONE 冠军赛的每位参与者都能遵循每天努力提高 1% 的武术格言。

弗莱明经常重复一句来自绿湾包装工队的伟大教练文斯·隆巴尔迪（Vince Lombardi）的话："完美固然是无法触及的，但如果我们追求它，我们至少可以做到卓越。"这句话阐明了他对于团队的期待。弗莱明并不只是说说而已。正如他的执行团队所说的那样，他通常在早上 6 点之前就发出电子邮件，提出新的想法，并跟进诸多事项。他坚持分散决策权，赋予有才能的人以自主权。他把时间都聚焦在寻找优秀的人才上，帮他们确定具体的路径，并赋能他们沿着这条路走下去。

海军陆战队有着明确的行为准则，这使军队更有力量。正如格法因所描述的，"军队先要吃饱"。海军陆战队是一个倒置的金字塔结构，领导者在最底部负责平衡一切。战斗的胜利主要归功于某个 18 岁的步兵，他必须定位、接近并击败敌人，而不是来自某个中校如何落实指挥官的意图。领导力应该渗透在整个组织之中，无论是战场上的一支部队，还是军营里的一名厨师，只要是海军陆战队的一员，就会重复

“我们是海军陆战队”这句话，这从整体上定义了他们。

世界各地的资产管理公司墙上都装饰着各种各样的使命宣言。虽然意图令人钦佩，但大多数使命宣言都变成了空话。因为当矛盾冲突出现时，能否遵守使命宣言指导下的行为准则，就变成了严峻的考验。领导者在年终奖的评定或员工招聘中匹配“正直”“沟通”或“团队合作”等价值观的程度，将决定墙上使命宣言的有效程度。实际的行为准则来自这种时候领导者做出的实际决策。除非领导人最终做出的艰难抉择符合既定的使命，否则装饰再精美的使命宣言也会立即变得一文不值。

持续、频繁地沟通，不断重申愿景

成功的领导者会不断重申他们的愿景，也始终践行他们所拥护的行为准则。这是领导者首要考虑的事情，也会严格地贯彻在他们的言行中。

隆巴尔迪提供了一个名为 ROMPS 的框架，以供团队沟通时借鉴。

- RO：空间（Room）——控制空间。
- M：信息（Message）——控制信息。
- P：过程（Process）——控制过程。
- S：自我（Self）——控制自己。

“控制空间”是关于气质的，包括肢体语言、语气和自信心；“控制信息”是指在整个组织中用一致的声音去解释计划的能力，每位团队成员都应该能够毫不费力地复述愿景和行为准则；“控制过程”意味着每天早上一醒来，就要全身心投入到组织文化中去；最后，“控制自己”需要你身体力行，做到你为组织设立的行为准则，包括自律、学习和成长。ROMPS 框架很好地结合了愿景、行为准则和沟通的各项原则。

弗莱明经常提醒他的团队“需要全体村民一起努力”。他认为，能长期取得成功的组织是依赖于整个团队的努力来实现目标，所以这句关于抚养孩子的谚语很符合他为团队设定的行为准则。

普罗塞克善于通过创造流行语来强化她的“企业家军队”的愿景。她鼓励团队“不懂就问”。她定期召开会议，提高公司信息的可用性和透明度，还设计了“J Low Down”

环节，即任何人都可以询问有关业务的任何问题并得到回答。她还在《企业家大军》（*Army of Entrepreneurs*）一书中阐述了自己的愿景。该书探讨了她作为企业家的心态，描述了她吸引、激励、培训、奖励和留住团队成员的方法。[4]

所罗门时常强调同理心是考恩公司独特的特质。他天生善于设身处地为别人着想，说话语气也是充满了暖意。所罗门经常回忆他在夏令营的经历。他告诉团队成员，当事情不可避免地变得艰难时，大家可以先坐下来，然后说："嘿，我们是同一个团队，正在努力达成同样的目标。我们来聊聊我们为什么要争论，如果争论是因为我们对如何达到一个共同目标有不同的想法，那么我们不妨一起来关注共同目标本身。"

以上可以看出，善于沟通的领导者都很注重沟通中的真诚，这反过来又能激励他们的团队。

展现真实，追求极度诚实与谦逊

高度的自我意识和谦逊是成功领导者的基本特征。哈佛商学院组织行为学教授托马斯·德隆（Thomas DeLong）认为，领导力是非常个人化的。

麦晋桁（John Mack）领导摩根士丹利时，德隆与他并肩工作了 8 年。德隆看到了许多非常聪明、业务能力超强又强烈渴望成功的人，他们都很期待诚实的对话。德隆致力于培养能够激励与赋能其他人的管理人员。这一过程始于对自我的探索，与自己交谈并安定下来，让心灵平静并预备好服务他人。德隆所追求的极度诚实与谦逊、敏感相得益彰。

普罗塞克让她的“企业家军队”“不懂就问”时，她是在教导他们，正确的销售方式是人性化的，也就是要谦虚、直接和符合常识。

激励和驱策，点燃团队的激情

领导者需要兼用言语和行动来激励团队。他们自身的工作作风将为组织定下基调，伟大的领导者能够激励团队去实现比他们能够想象到的更大、更多的目标。

领导力咨询公司（Admired Leadership）创始人兰德尔·斯塔特曼（Randall Stutman）曾为 1.2 万名领导者提供过咨询服务。他为领导者找到了一个让人觉得有点特别的通用框架。团队成员的需求各不相同，有些是为了钱，有些是为了精通某个领域，有些是为了寻求归属感或为更高的目标而努力。如果根据每位成员的不同需求来激励他们，情况很快就会变得非常复杂。但伟大的领导者可以像粉丝一样为其团队鼓掌、喝彩、加油，并表明其愿意在任何环境下为每位成员取得成功给予帮助。“粉丝”概念是斯塔特曼理论中持续且有效的核心，以下的每个例子都是“粉丝”概念的体现。

弗莱明重视积极的动机和乐观的士气。他指出乐观的重要性，将其描述为真正的士气。当考虑团队激励时，弗莱明会把重点放在团队成员个人身上。他善待积极的人，希望他们感到舒服而有目标。为了推动团队向前发展，弗莱明希望每位成员每天早上从电梯出来时都能感受到鼓舞和兴奋。

普罗塞克也用乐观精神来激励团队。她总是保持笑容并且用积极的情绪来支持她的团队。“如果你笑，那么全世界都会和你一起笑。如果你哭泣，那么你只能独自哭泣。”她引述了作家埃拉·惠勒·威尔科克斯（Ella Wheeler Wilcox）的话，用来提醒她周围的人，世界希望与那些有激情和活力的人互动。然后她用“让你的敌人成为你的动力”之类的话来激励她的团队，培养积极的能量。

西尤堂则用自己的“勇士精神”激励他的团队。他常常分享自己的故事，并通过实际行动来点燃团队的激情，增强“勇士精神”。他还一直以一个持续学习者的姿态行事。

所罗门表达了其对同理心的热衷，认为这是领导团队时强有力的武器。他这样描述：

> 你需要了解是什么在激励着对方。你不必同意，只需要理解它。理解一个人是怎么想的或者是什么激励了他，最好的办法就是将心比心。
>
> 我想知道你最在意的是什么，你为什么做手头的这些事情？当你问客户这样的问题时，通常会听到你能够认同的答案。
>
> 管理就是在表达：我明白你的感受，我想我能够帮上忙。另外，也能顺带做些买卖。我能在哪方面为你提供帮助？我们相互推动怎么样？我可以用我的品牌为你的业务带来提升吗？我们能不能联合起来，寻求 1+1>2？
>
> 我并不否认他们是个体，要寻求的是自己的成功。我只能成为赋能者。如果他们重视赋能，如果他们重视我们提供的工具、产品、服务和关系，那么他们在这里会比在其他地方更好。但他们依然是极度渴望成功的个体。这就是团队合作的精髓。

拥抱变革，不断更新和进化

领导者拥抱变革。正如隆巴尔迪所说："如果你连变化都不喜欢，那么其他事情你更不会关心。"最完美的计划也可能会走偏，即便是一个定义明确的愿景也需要随着世界的发展而不断更新和进化。

从组织内部或外部得来的反馈都可能是需要做出改变的早期警告。格法因为一个组织提供管理咨询时，会问每个人3个问题：

- 我们做对了什么？
- 我们做错了什么？
- 我们如何能做得更好？

领导者也是人，也可能会忽略组织内部、客户和行业中发生的重要趋势。领导者应通过反馈获取信息来做更多正确的事情，并及时停止错误做法，在可以改进的地方做得更好。领导者还要能感知重要的变化，并在必要时制定具体的改革措施。

当需要做出改变时，德隆建议从小处着手。惯性是一种强大的力量，人们天生不容易接受变化。可以在新的方向上先寻找一些容易操作和容易被接受的举措，逐步取得一些小的胜利。这样团队就会逐渐被激励，然后愿意跟随领导者开始改变。

领导者需要设定愿景，并定期提醒团队重复愿景，采取与愿景一致的行动，而且要成为团队成员的“粉丝”。优秀的首席投资官需要在投资和领导力方面都很拔尖，能够制定和培育与其目标相一致的愿景。

当设定好符合愿景的路径后，首席投资官则必须确保团队的执行。下一章让我们谈谈人员管理方面的一些经验。

CAPITAL
ALLOCATORS

第 5 章

工具 5，
用管理确保愿景落地

我们的任务是管理人们的时间，赋予他们成功的能力，帮助他们确定优先次序，制订明确的指导方针和计划，并创建具有里程碑和目标的时间表。

——戴维·布尔·格法因

领导力教练

Our job is to manage people's time, give them the ability to be successful, help them prioritize, develop clear guidelines and plans, and create timelines with milestones and objectives.

– Davied Bull Gurfein

Leadership Coach

如果说领导力是愿景，那么管理就是让愿景落地。众所周知，首席投资官在管理人才方面不如管理资本有天赋，人员管理这件事需要额外抽出时间来做，因此是一个经常被忽视的领域。管人需要培训和经验，而这些通常被投资机构忽视。

管理他人这件事要求首席投资官不仅要维持个人对于组织的贡献，更要为别人的贡献负责。这种转变需要管理者善于授权，给予反馈，并允许下属犯错以及从错误中学习。安德森·霍洛维茨公司（Andreessen Horowitz）首席执行官斯科特·库珀（Scott Kupor）将管理者的工作描述为，既要维持列车运行，又要给人们指引方向，并回答问题。

基本的管理技巧听起来有点像常识，包括以下步骤：

1. 找到优秀的人
2. 组织设计
3. 项目管理
4. 人才培养
5. 时间管理

找到优秀的人，人员管理从招聘环节开始

无论是雇用基金经理还是执行一项策略，找到优秀的人是最重要的。查特里·西尤堂说得很对："要释放你的伟大，就要让自己被伟大环绕。"然而，在每个领导者的心目中，伟大这个概念是不尽相同的。

人员管理从招聘环节就开始了。许多招聘流程缺乏结构设计，默认挑出来的都是具备必要的专业技能并且与面试官性格相似的候选人。其实，招聘面试可以借鉴基金经理面谈的过程，参与面试的团队成员要有事先准备好的策略。

团队可以事先做一些背景调查，针对候选人性格的不同方面准备好开放性的问题，并使用记分卡对期望候选人应具备的特征进行打分。好的招聘流程会兼顾候选人对于财务、

企业文化和个人发展方面的诉求，以及组织本身的目标。

企业文化是公司成功的驱动力，WCM 投资管理公司的面试过程就是一个例证。该公司投资组合经理兼联合首席执行官保罗·布莱克（Paul Black）十分强调伟大的企业文化对于组织的重要性，也要求旗下投资组合公司的竞争优势与企业文化相一致。在面试过程中，该公司每次都会把公司认为候选人成长必需的核心特质分离出来，并重点评估其中一个特质。一系列的面试便可以逐步勾勒出候选人的全貌。

让威灵顿管理公司（Wellington Management）引以为傲的是，他们在引进人才时很少犯招聘错误。因为他们具有崇尚协作的企业文化和基于绩效的私有制模式，这种模式需要员工具有很高的自我期望值和相互关爱的工作环境。

吉姆·威廉姆斯在招聘面试的过程中会专注于探索 5 个关键点，这些关键点也是和基金经理面谈时需要重点关注的：

1. 聪明。解决问题和随机应变的能力。提问可以集中在曾经解决过的问题上面。
2. 沟通。口头和书面的沟通能力都很重要。可以要求展示一些案例。

3. 团队合作。是否愿意在团队内分享。提问可以集中在和团队共同完成的项目案例上。
4. 正直。由于要做的事是正确的，而敢于做出决定，并为此承担责任。可以询问某些出现状况的例子。
5. 经验。有相关工作经验。

威廉姆斯指出，关于这些特质的提问非常有助于提前锁定合适的应聘者，因为只有最后一个特质“经验”会随着时间的推移而改变。他鼓励他的团队将面试当作一次访谈，在结束前已经自然而然地涵盖上述所有话题。

HumanCo（人力资源服务公司）创始人兼首席执行官贾森·卡普拥有 20 多年为对冲基金招聘人员的经验，雇用过数百名投资组合经理和专职运营人员。他将雇员分为 3 类：危险的、麻烦的和优质的。他的分类法是一个很有见地的招聘框架。

危险的雇员喜欢随大流。他们不够诚实，不愿意承认错误或在事实发生变化时改变想法，又很容易被各种行为偏差所捕获，即过度自信而混淆过程和结果，过度依赖直觉而混淆事实和观点，并且不能从错误中吸取教训。危险的雇员工作只注重宏大叙述而缺乏细节。从企业文化上讲，危险的雇员习惯于抱怨和破坏，对组织有害。

危险的雇员会给企业带来严重的风险，尤其是在每个员工都很重要的小公司。卡普建议，在他们的个人生活中寻找问题的蛛丝马迹，比如缺乏自控能力和不自律。

麻烦的雇员虽然危险性较小，但仍会带来一些挑战。这些人可能会因沟通能力差而令人很恼火。当事情不顺利时，他们倾向于责怪别人，总想着失败而不是成功。在投资方面，麻烦的雇员缺乏原创性的想法，也缺乏信心，在逆境中容易畏缩。管理麻烦的雇员需要耗费大量时间，却又往往收效甚微。这类人对于组织来说风险较小，但制造了很大的机会成本。

雇用一个优秀的员工会带来积极的影响，对组织来说是极好的投资。这些优秀的人非常诚实，并且在必要的时候愿意改变自己的想法。他们富有竞争力和自我驱动力，总是超额完成任务，雄心勃勃、坚韧不拔。作为个体，他们善于自省且渴望提升，勇于承担责任，并有意识地参与训练来学习和成长。优秀的员工在团队中会表现出很高的情商和出色的人际沟通能力，在个人生活中亦是自律的冒险者，并表现出强大的意志力。当管理者找到这样优秀的人才时，会像对待家人一样投入时间来培养、发展和保护他们。

组织设计，强化公司文化

从办公空间的设计风格到团队会议的召开频率，管理者对组织结构的安排强化了公司的文化。

以人人平等、“无明星”文化著称的美国资本集团，会刻意避免在办公场所出现任何可能会体现身份的标志。比如，位于角落的办公室只用作会议室，[1]而且所有的分析师和投资组合经理的办公室面积大小都相同。如果某个办公室比正常的要小一些，资深的投资组合经理通常会主动申请搬进这个办公室。而某些投资公司，比如耶鲁投资办公室，则留有充分的开放空间，以促进团队的沟通。另外一些注重精神生活的基金经理，则营造了类似图书馆的空间，让团队成员享有安静且利于阅读和思考的独立办公室。

团队会议的召开频率和结构安排决定了沟通的基调。威灵顿管理公司每天早上都会举行全球晨会，投资团队成员在会上互相分享见解。而大多数资产配置团队开会的频率较低，这也从侧面反映出其团队决策的数量相对较少，节奏也相对较慢。

如果没有适当的准备，会议可能会演变成一种可怕的对时间的浪费。良好的会议安排包括明确的议程、目的和行动步骤。会议还需要事先约定行为准则，会议组织者负责让会议沿着预定轨道进行下去。

首席投资官可以定期组织在异地召开会议，以脱离日常的工作环境，这有助于团队以不同的视角思考重要的战略问题。

项目管理，提高任务完成的概率

团队和组织架构安排完善后，基金经理们就可以开始干活了。项目管理工具包括确定优先级、明确阐述任务、施行责任制和跟进。

确定优先级

格法因在海军陆战队时就学过类似于优先级的概念。当面对有限的资源时，优先考虑手头最重要的任务。在部队，如果你手上只有数量有限的炮火、舰载机枪或者飞机，那么这些资源肯定首先会被分配给那个时刻最重要的部队。而在投资机构，最稀缺的资源是首席投资官的时间。如果团队成员都能正确理解优先级的概念，那么就不会有人因为自己暂时不在优先考虑范围内而产生挫败感了。

明确阐述任务

珍·普罗塞克将其团队成员的角色定义为“发现者、看护者、联结者、研磨者”。“发现者”负责寻找和锁定业务机会；“看护者”是优秀的过程管理人员；“联结者”能很好地处理人际关系；“研磨者”则负责完成工作。普罗塞克的团队成员可能会扮演多个角色，也可能会发现自己在某一个角色上特别擅长。普罗塞克通过明确定义工作内容的方式管理预期和可交付的成果。她的新员工在面试过程中也会被灌输这种对工作角色的定义，使他们能够更好地思考在哪个环节可以给团队带来最大的价值增量。

施行责任制

在大学的心理学入门课上，责任分散效应一直是一个令我非常困惑的概念。在有许多人在场的情况下，个人会倾向于不承担或者少承担责任，而假设其他人会承担。在工作中，如果任务被分配给两个以上的人，个人的责任心就容易缺失，从而可能会影响到项目进度。例如，向多个人发送电子邮件却没有明确指定一个人负责这项任务，这是常见的管理不力的例子。

在海军陆战队里，当两个人被分配到同一项任务时，总会有一个人被指定为负责人。然而，在公司里，管理者们经常会说："嘿，各位，我需要你们都去做 x。"正如格法因所说："当你把任务布置给所有人，就等于你没有布置这个任务。"

企业家丹·肖尔（Dan Schorr）在大型消费品企业中学会了如何管理员工。当他尚在运营员工较少的初创公司时，他需要高效地处理待办事项。肖尔使用了一个简单的方法，即 3W："谁" 在 "什么时候" 做 "什么"（Who、When、What），来确保每个任务都由一个人负责完成。

跟进

咨询格法因的客户常常是那些在任务督导和支持方面做得不够好的机构。管理者们只管下达任务，然后坐等任务完成。结果几星期过去了，任务并没有完成，管理者们就只能自己上了。

为了更好地分配任务以提高完成的概率，格法因提供了一些简单的方法。他建议制订明确的计划、优先事项和设有里程碑节点的时间表。从初创企业到大公司，公司都使用关键绩效指标（KPI）来定义里程碑节点，以控制目标完成的进度。

库珀用类似的方法定义了节点，并经常询问他的团队需要哪些支持以保持任务进度。

埃里克·里斯（Eric Ries）在他的书《精益创业》[2]中讨论了一个建造、衡量，并获得反馈的循环以支持产品开发的迭代。帕特里克·奥肖内西也采纳了相似的方法，即学习、建造、分享和重复来达到他的愿景。

当遇到问题的时候，好的管理者视之为学习的机会。赫尔姆斯利慈善信托公司（Helmsley Charitable Trust）首席投资官罗兹·休森尼安（Roz Hewsenian）会这么问："我在把握方向和引导团队方面有哪些做得不够的地方，或者你还有什么地方没有准备好来解决这个问题？"作为一名管理者，她关注的是她能否做得更好，而不是把责任归咎于团队成员。

人才培养，充分培训确保员工胜任

关于晋升首席投资官的路径，业界并没有很具体的培训教程。CFA 的课程可能会教授投资和资产配置的基本原理，但更高阶的投资艺术方面的学习还是得靠"门徒制"。耶鲁投资办公室在培养未来的首席投资官方面可谓经验丰富。在那里待 5 年，我可以断言，我们完全可以靠潜移默化接受无与伦比的教育和培训。

专业的服务类公司在培养优秀员工的过程中，常常受到彼得原理的影响。彼得原理是指大多数等级分明的机构会倾向于不断提拔员工，直到某个其无法胜任的岗位为止。格雷格·弗莱明在华尔街也看到了这种现象。优秀领导者需要的技能往往与出色的业务人员截然不同。业务岗位的出色员工被升到管理岗位时，他们往往缺乏有效管理的工具。管理者可以根据彼得原理，在员工职位升迁时提供充分的培训，或者改变晋升标准来确保员工拥有胜任该职位所需的技能。

休森尼安非常注意尽量不把自己的观点强加于人，给她的团队足够的空间以发挥创造性。她会严格遵守尽职调查流程，并密切关注技能的培养。当休森尼安在办公室与团队互动时，她更关注团队成员而不是经理们。她重点关注他们事先准备的程度、提出的问题以及他们对经理回答的反应。她在团队中组建了研究小组，其中包括一名发起者、一名持怀疑态度者和一名资深团队成员，这样每个机会都会有 3 种不同的审视视角。这种方法让她对他们工作的广度和深度很有信心，只有在看到有明显漏洞时她才会介入。

普罗塞克提倡“终身佣金”制，以协调员工的激励、薪酬和发展。如果某个团队成员为公司赢得一个客户，那么在该员工的整个任职期间，都会得到该客户给公司创造的收入的 10% 作为佣金。通过给予终身佣金，她还教会了团队中的未来企业家们如何经营企业。如果某个月没有收到付款，那么他们就会去关注收款的问题，并了解应收账款的概念。如果价格发生了变化，他们就会发现佣金随之上升或者下降了。普罗塞克的激励方案为团队发展带来了非凡的效果。

定期反馈对培养人才至关重要。无论是通过预先安排好的 360 度全方位回顾还是定期的目标核查，优秀的管理者总能设法提供建设性的反馈，并进一步设定发展目标。但是资本配置者通常很难确定相关的指标，因为这个职业缺乏类似于收入和利润率这样的指标。无论如何，设法创建与投资组合相关的特定、可靠的指标，能为管理者提供定期审视和培育投资团队的抓手。

首席投资官本身也需要学习和进步。兰德尔·斯塔特曼和他的团队与许多投资机构的负责人合作，来帮助他们培养高效的领导和管理能力。身处高层有可能会感到孤独，因此经常与同行或者培训师接触的首席投资官能获得更多学习和进步的机会。

时间管理，把精力放在解决问题上

招聘和培养人才、组建团队、管理团队成员和投资组合需要耗费大量时间。在大型机构中，人力资源由独立的部门负责，也有专门的运营经理负责管理团队，营销经理负责品牌策划，生产部门负责出品。而在资产管理机构中，首席投资官承担了所有这些角色，所以掌握一些时间管理技巧可能会很有帮助。

格法因提示了下放职权的重要性，这样下属层级的管理者才有机会去培养解决问题的能力和韧性。领导者通常过于渴望挽狂澜于既倒，殊不知，他们这么做就削弱了下属管理者的权责。格法因会努力克制自己介入的冲动而是问他的团队："你明白是怎么回事吗？告诉我你准备怎么解决。"

普罗塞克重申了"解决问题，而非逗留"这句话。在问题出现的时候，她敦促团队把所有精力放在解决问题上，而不是坐立不安。我们都有运气好或者不好的时候，那些成功的人心里明白运气的作用，并且想最大限度地利用好运气。他们也有抽到烂牌的时候，但他们想的是怎么把这手烂牌打好。

弗莱明每天一起床就开始思考什么是真正重要的，什么又是无关紧要的。他对真正重要的事情进行了分类，哪些是必须自己参与才能推动的，哪些是已经有优秀人才可以胜任的，以及哪些是介于两者之间的。

西尤堂以优先级和紧迫性为轴创建了一个四象限的矩阵。每天他都会从优先级最高和最紧迫的事项开始，暂时搁置优先级低和不紧迫的事情，并在另外两个象限中适当做平衡。

对于一个想要把企业向愿景推进的领导者来说，管理团队是一个极其重要、必须全情投入的工作。嘉宾们分享的都是简单、有效的管理理念。找到优秀的人、组织设计、项目管理、人才培养和时间管理都是确保首席投资官的愿景得以实现的必要过程。

到目前为止，我们已经较为完整地介绍了首席投资官在工作中所需的工具。现在，让我们开始本书的第二部分，看看首席投资官们是如何思考和实施投资过程的。

CAPITAL ALLOCATORS

第二部分

聪明的基金经理的投资框架

导读 CAPITAL ALLOCATORS

除了工具包中的工具外，节目中的嘉宾还详细介绍了他们的投资工作。第二部分讨论了当代首席投资官在管理委托资金时采用的框架，自上而下的顺序如下：

- 治理架构
- 投资策略
- 投资流程
- 技术创新

这部分以一个案例研究作为结束。该案例研究了首席投资官如何应对 2020 年新冠肺炎疫情带来的不确定性。

CAPITAL
ALLOCATORS

第 6 章

治理架构的 3 个特征

坏的治理架构不可能产生好的投资结果。

——卡尔·希尔

辛辛那提大学捐赠基金首席投资官

You can't have investment success with a bad governance structure.

– Karl Scheer

CIO, Universtity of Cincinati Endowment

数年之前，我所熟识的一位基金经理正在做一个会议准备，这是他与一个大型捐赠基金的第 6 次接触。在此之前，这个捐赠基金的首席投资官及其团队已经花了一整天来调研该基金管理公司，并在办公室会见了很多股票分析师和资产分析师。就在这个会议上，这位基金经理首次正式向该捐赠基金的首席投资官提出了合作的想法。会议进行得很顺利，首席投资官承诺在下次董事会的时候会将这项合作提交审议。一个月之后，该首席投资官致电这位基金经理，说公司的董事会没有批准这项合作。

这位基金经理的遭遇并非偶然。这家捐赠基金的治理架构素来被人诟病。我曾经问过这家公司的前首席投资官，有多少比例的投资意向会被董事会否定？当听到大约是 60% 这个答案的时候，我被震惊了。他也表示一筹莫展，即便他觉得会前已经沟通到位，但是会上的讨论依然会因为董事会成员的自大和争吵而不了了之。

首席投资官普遍被认为是站在资本食物链的顶端的人，但事实通常并非如此。在和首席投资官们的多次谈话中，一个持续的主题就是有效的公司治理的重要性。首席投资官们并不能随心所欲地做决策，他们也有客户需要服务，这个客户即资本所有者。

在各种各样的资本所有者之中，最容易理解的就是家族办公室，资本持有人就是家庭成员们。首席投资官的任务就是明确投资目标，然后进行相应的资本管理。可以想象，由于家族内外的各种复杂动态变化，这种资本管理工作的难度很大。

克里斯·艾尔曼（Chris Ailman）在美国加州教师退休基金（CalSTRS）掌舵了超过 30 年。不过，当艾尔曼想要委托一位外部基金经理时，他的团队必须像政府寻找建设高速公路的承包商那样，发出极其复杂的征求建议书。

捐赠基金设有需要向学院机构委托人汇报的投资委员会。其成员往往学识渊博、目标一致。基金会一般也有类似的设置。主权财富基金是政府设立的为其公民长期利益服务的资金蓄水池，虽然资本长期持续，投资目标也不会漂移，但却常常会受到地缘政治冲突的影响。

首席投资官及其团队负责投资策略的日常执行和维护，而当他们提出调整投资策略或外部基金经理的建议时，则需要董事会来批准。

监督资金池运作的公司治理委员会有权影响或者打断首席投资官及其团队的工作。良性的公司治理结构包括清晰的责任划分、高效的执行委员会以及与利益高度一致的激励措施，而这一切的根基在于所有人员之间的有效沟通。

特征 1，清晰的责任划分

2019 年 1 月，孟宇（Ben Meng）正式成为加州公共雇员养老基金（CalPERS）的首席投资官。这支体量达到 4 000 亿美元的加州养老基金是从 1932 年开始运作的，主要用来支付加州公务员的退休金。多年以来，它已经成长为美国最大的固定收益类养老基金，也是全球最大的养老基金之一。作为其首席投资官，孟宇可以说是站在了资本食物链的顶端。然而在任职仅 18 个月之后，孟宇就辞职了。原因也许包括他与其他国家的潜在关系、他个人持有的高达7万股的黑石公司股票以及他在2020年年初清仓一个市场对冲头寸的决策。

你也许认为，一个有着接近一个世纪历史并且担负如此重要职能的老牌机构，应该会有处理潜在利益冲突和短期投资决策的清晰规则。然而，在处理孟宇离职申请的过程中，CalPERS的董事会在"给管理团队多大权限的问题上出现了裂痕"。[1] 事实上，孟宇只是一个开始，该基金继任的首席运营官和首席财务官在随后的两年中也相继离职。

CalSTRS首席投资官艾尔曼认为，良好的公司治理的关键在于清晰地定义角色和责任，也就是弄清楚谁在做什么并有效地执行。董事会要和首席投资官一起确定好每一个投资步骤的负责人，并且确定最终的投资决策人。

这听起来似乎很简单，但事实上，这绝对不容易。新上任的首席投资官总是带着大干一场的热情和幻想。2016年，在梅雷迪思·詹金斯（Meredith Jenkins）成为矗立于华尔街的三一教堂的首任首席投资官之前，教堂管理处抛售了几十亿美元的房地产。詹金斯以为会有堆成山的现金等着她去投资，但她很快就发现，教堂管理处已经聘请了一位临时顾问来处理大部分的现金。她花了好几年才建立起她上任之前所预想的投资组合。

当埃伦·埃利森（Ellen Ellison）受邀成为伊利诺伊大学基金会首席投资官时，她实际上是接手了一个负责委外业务的小团队。她不得不一边作战，一边重组团队。埃利森列出了 15 项实施步骤，然后从最难的那一项开始执行。她用了 6 个月时间一直专注于管理工作，丝毫没有触碰投资组合。这些工作包括：把投资委员会的规模减半、制定新的投资政策、短期融资、处理利益冲突、制定投票章程，然后最终才是资产配置。把这些基础工作都做完以后，她才能开始重组投资团队和投资组合。

首席投资官们一旦明确了方向，就会发现自己做投资决策的权限是在 0 到 100% 之间波动。对于新西兰养老基金（New Zealand Super Fund）首席执行官马特·惠内雷（Matt Whineray）来说，拥有完全的投资决策权限是底线，他的团队做投资决策的时候无需董事会的任何批准。该基金的业绩能领先于同行的部分原因可能就在于权责明晰。

明确的责任划分是高效公司治理的前提。在类似于惠内雷所在的机构，首席投资官对整个资产配置和选择外部基金经理的流程拥有完全的权限。而在盖蒂信托，投资团队会让董事会来核准他们的投资组合策略，但保留了选择基金经理的权力。吉姆·威廉姆斯非常善于迅速调整外部基金经理以确保与董事会的策略保持一致。在其他机构，首席投资官可能会在承诺做到某一规模的前提下，才能拥有完全的投资自主权。在赫姆斯利信托（Helmsley Trust）和卡内基公司（Carnegie Corporation），虽然公司投资委员会拥有最终投资决定权，但是在充分地讨论之后，往往会采纳投资团队的建议。

而在管理低效的机构，做决策的部门很难保持一致性。家族办公室大多数从未定义过清晰的决策流程。iConnections公司创始人兼首席执行官罗恩·比斯卡迪（Ron Biscardi）和许多家族办公室有合作。他发现他们做决策非常艰难，投资决策往往排在他们讨论清单的第4或第5位，首席投资官很难做出即时的投资决策。

拥有独立而充足资源的机构往往倾向于依靠内部人士，而资源有限或者面向公众的机构则需要与外部顾问合作来改善公司治理。董事会需要依靠独立而专业的外部顾问来监督有效的决策流程。百老汇联盟员工福利基金负责人克里斯·布罗克迈耶（Chris Brockmeyer）经常与外部顾问合作。

他强调说，外部顾问必须设法取得全部董事会成员的信任才能顺利开展工作。聪明的顾问懂得审时度势，进退有度。

过去 20 年，许多中小型机构选择外包投资流程。这些外包公司通常是由前首席投资官们创立的，他们可以向一些规模和能力不足的中小型机构输出专业的投资管理能力和各式各样的资源。这些外部首席投资官取代了机构内部的首席投资官，帮助机构制定投资政策和策略，负责整个投资流程，并向治理委员会汇报。这大大降低了非专业投资机构管理投资组合的复杂性。

最后，治理委员会还需要了解投资决策是如何制定的，谁该为此负责。然而，当治理委员会也想照方抓药时，就和投资委员会的职能发生了冲突。

特征 2，高效的投资委员会

治理结构是这个行业的阿喀琉斯之踵。许多严重的错误缘于董事会在该贪婪时却恐惧了。

——梅雷迪思 · 詹金斯

布罗克迈耶几乎把职业生涯的所有时间都花在了董事会的会议室。作为百老汇联盟和百老汇戏剧行业协会的员工福利基金负责人，布罗克迈耶是 11 个多雇主养老金、7 个健康基金和 4 个年金的受托人。他要与 13 个董事会和 4 个外部顾问一起管理 70 亿美元的总资产。布罗克迈耶每星期都要准备并主持一次投资委员会会议，并且与顾问一起会见各种雇主代表。他曾经讲述过这样一个特殊的事例：

> 我们曾经聘请过一个负责私募股权筛选的外部顾问机构，签约之后将近 6 个月，才在我们的催促之下开始筛选流程。也许因为不是资产类别的专案，他们遇到了阻力，所以后续到了正式投标阶段，外部顾问、工会受托人和雇主受托人之间就出现了互不信任的情况。每一方都觉得顾问偏袒另一方，这导致顾问给出的任何建议都不被任何一方所信任。以至于外部顾问的工作很难再顺利进行下去，因此我们只能解聘了该顾问，一切推倒重来。

对所有投资委员会来讲，委员会的构成、会议过程中的引导以及不同会议之间的沟通机制等因素，都会对最终的决策质量产生决定性的影响。

委员会的构成

投资委员会的构成受到其主席、规模、成员背景和动机的综合影响。Kindred 资本公司管理层人员史蒂夫·加尔布雷斯认为，首席投资官需要得到投资委员会主席的全力支持才能发挥效力。这一点可能没人会比斯科特·马尔帕斯更有体会。在圣母大学投资办公室任职的 30 年中，马尔帕斯只经历了两任投资委员会主席，人员的持续性保证了沟通和执行的高效性。

即便拥有强大的主席，投资委员会的规模仍有可能会失控。加尔布雷斯在多个机构的投资委员会供职，包括一个大学、一个大型家族办公室、一家上市公司、一个政府机构和两家初创金融科技公司。他发现大型投资委员会容易缺乏主人翁意识，以致几乎都患有拖延症。在第 2 章曾提到，迈克尔·莫布森的研究指出，投资委员会最优的规模是 4 ～ 6 人。埃利森把投资委员会的规模减半，从 18 人减少到 9 人，在通往高效治理之路上迈出了坚实的一步。

投资委员会成员的知识背景和经验也很重要。顶级捐赠基金或基金会在挑选投资委员会成员时，一般是主席本人在充分咨询首席投资官意见的前提下，逐个亲自挑选，因此候选人也都具备相当的职业素养。而在一般机构，投资委员会成员则是由老师和各类行政经理构成。艾尔曼需要持续不断地培训投资委员会成员，因为他们对投资一知半解，而且这些成员还会周期性地更换。布罗克迈耶日常需要与多达 11 个投资委员会协同工作，但其中竟没有一个人是投资专家。

如果投资委员会是由投资专家构成的，就能汇聚大家的经验和智慧，当这群人把基金的利益放在首位，那就能带来显著的附加值。

然而，也有一些投资委员会成员虽然擅长投资，但是容易偏离目标。正如加尔布雷斯所说："人们恨不得我们都是特蕾莎修女，为伟大的目标而战斗。但成功的原因有千百个，失败的原因只有一个。"投资专家的自信心都过于强烈，以至于投资团队 60% 的投资建议被大学的投资委员会所拒绝。另一种窘境发生在重要的捐赠人兼任投资委员会成员时。维杰资本管理公司（Verger Capital Management）首席执行官兼首席投资官吉姆·邓恩（Jim Dunn）讲述了一个事例，有一个投资委员会成员既是基金的捐赠者，也是一家上市公司的首席执行官，"如果他捐给我们 100 万美元，我们把钱委托给一位基金经理，而这位基金经理正主张炒掉这家上市公司的首席执行官，这就太糟糕了。"

想要与投资委员会建立高效的协同关系，首席投资官必须善于引导，勤于沟通，并争取在新投资委员会成员的引进上提供意见。

引导决策

当一个团队由有不同经验和目标的人员组成时，引导决策过程就会变得很有挑战性。当投资委员会成员甫一上任，首席投资官首要工作之一就是为他们设立合理的预期。查尔斯·埃利斯在耶鲁基金会的投资委员会任职长达 16 年，并担任主席 10 年。埃利斯坦承，高效的投资委员会并非凭空而来。

投资委员会选择成员的首要标准应是合作精神。这样的人能够很好地倾听他人的观点。其次是他们愿意做充分的预习。当我在任时，必须花一整天时间，从早 8 点到晚 8 点来预先阅读相关文档，为会议做好充分准备。这实在是一种罕见的特质。然后到会议当天，我们可以原原本本、庖丁解牛似的讨论所有的假设和细节。事情真的是这样吗？这么做真的对吗？需不需要做一些必要的改动？这一整天都会变得非常高效。我们基本上不会做什么大的修正，但是经过彻底而深入地讨论，投资政策、策略和措施都得到了重新确认。

很少有投资委员会能做到像耶鲁基金会这么投入。恰恰相反，AB联博财富管理公司（Alliance Bernstein）前首席投资官塞思·马斯特斯发现绝大多数投资委员会可谓是管中窥豹。

令人吃惊的是，绝大多数投资委员会只花很少的时间在真正应该聚焦的目标上，却把大把的时间花在琐事上，比如为每个产品确定比较基准，或集中讨论那些略微跑输比较基准的产品。这有点像某人阅遍全球所有报纸，却并不是为了检视假新闻，而是为了寻找语法和排版错误。

在错综复杂的管理委员会进行管理，是一项心理学和人类行为学的运用。艾尔曼把这种情况比喻成，你在一个拥有12名成员的合唱团工作，虽然只能与团员单独沟通，但最后却要检验团队的整体合唱效果。这与听12次独唱不同，你不可能逐一满足所有人的需求。艾尔曼认为，这种技巧与他之前作为人力资源谈判专家时的技巧类似：理解、倾听、促膝长谈、阐明观点差异，最后尝试说服他们。

投资委员会冲突的高潮一般发生在投资中不可避免的低潮期。当人类的本性占了上风，糟糕的决策就会发生。布罗克迈耶就多次目睹了这种情况上演。

我们常常低卖高买，然后委托人就坐不住了，开始犯一种在投资者中屡见不鲜的错误：解雇在低谷中的基金经理，转而拥抱在高点的基金经理。

最后，首席投资官会争取董事会的支持。此时，不同会议之间的沟通就非常重要了。

持续、反复沟通

目前在马克那资本（Makena Capital）供职的拉里·科查德（Larry Kochard）在开始其华尔街生涯之前，曾经是弗吉尼亚大学的金融学教授，并兼任弗吉尼亚退休金系统的董事会成员，以及乔治敦大学和弗吉尼亚大学投资管理公司（UVIMCO）的首席投资官。在他作为资本配置专家期间，从未忽视教学。科查德认为，不断地教育和说服董事会是首席投资官工作中一个未被充分重视的方面。那些乐于沟通和接受教育，而不是视之为浪费时间的人，将为资产管理机构和投资过程赢得更多的稳定性。

首席投资官在正式出席董事会会议之前，通常要和董事会成员预先沟通，让董事会成员们了解投资过程，并了解他们的背景、学识和可能存在的顾虑和想法。这可以避免在正式开会时出现始料不及的情况。华莱士基金会（Wallace Foundation）首席投资官托马斯·莱内汉把它定义为一个建立信任的过程，通过让董事会成员了解情况并征询他们的意见，与他们建立友好的关系，这在关键时刻会帮到你。

不同的机构会找到不同的有效沟通手段。Hostplus 养老基金首席投资官萨姆·西西利亚（Sam Sicilia）要确保了解哪些建议是应该向董事会提出的，哪些则不应该，以及何时让董事会参与这些流程。辛辛那提大学捐赠基金首席投资官卡尔·希尔发现，透明的沟通非常重要，但必须在透明和保持审慎之间取得平衡。

与董事会成员进行持续、反复地沟通时要遵循的原则与领导者传达愿景时相似。首席投资官通过不断重申投资理念、策略和执行的各个方面，不但可以提升会议的质量，而且可以增加董事会在困难时期愿意坚持到底的可能性。

特征 3，利益高度一致的激励措施

杰克·迈耶（Jack Meyer）从 1990 年到 2005 年执掌哈佛资产管理公司，把这个美国最大的捐赠基金的规模从 48

亿美元增至250亿美元。[2]在他的任期内，哈佛大学的大部分资产都是内部管理的。投资组合经理的绩效与其多年的优异表现挂钩，绩效越好，收入越高。所以，哈佛大学的基金经理团队能够接受比校内其他同等职位更低的固定薪水，因为他们的绩效非常出众。

但这种模式在校内并不太讨喜。数年之后，1964届的校友公开向大学官员施压，要求他们把投资人员的奖金水平和校内其他需要更高教育背景的职员拉齐。[3]最终，迈耶和他的投资组合经理们受够了各种审查，离开了哈佛资产管理公司。乔恩·雅各布森（Jon Jacobson）创建了海菲尔德资本公司（Highfields Capital），菲尔·格罗斯（Phill Gross）创建了格言资本管理公司（Adage Capital），迈耶创建了凸面资本（Convexity Capital）公司，他们每个人都从哈佛捐赠基金获得了大量的委托投资，并获得了比内部员工更高的报酬。此后，哈佛大学的投资管理就一直处在动荡之中。

基金经理、首席投资官和董事会成员都会受到激励的驱动。资本配置者寻求与基金经理保持利益的一致，并且会奖励他们出色的长期业绩，避免过度重视短期表现。

首席投资官的薪酬结构还有许多有待改进之处。尽管基金经理的报酬受到很大的关注，但首席投资官往往缺乏与其使命相一致的经济激励措施。许多家族办公室向首席投资官支付固定工资，并要求他们以有限的财务资源去博得更大的利益。公共养老基金则以政府官员的工资标准给首席投资官们支付薪水。

改变这些资金池的激励机制是一场艰苦的战斗。佛罗里达州行政管理委员会首席投资官阿什·威廉姆斯（Ash Williams）将解决公共部门的薪酬问题比作在战乱地区创造和平。经过 6 年的努力，他在佛罗里达州通过咨询委员会召开了 15 ～ 20 次公开会议，终于成功实现了这一目标。该州养老基金的管理得到了根本性的改变，一切都是值得的。

捐赠基金和各类基金会都有各自的激励机制。首先要考虑的是政治因素。类似于哈佛大学这样需要向投资管理者支付巨额奖励的情况，捐赠者和教授们通常是犹豫不决的。斯坦福大学执行董事阿什比·蒙克（Ashby Monk）注意到，在美国，橄榄球教练的年薪可以超过 700 万美元，但向首席投资官支付同样的薪水则是一种荒谬的行为。

其次要考虑的是期限问题。一般来说，首席投资官的任期都比他们管理的组合久期要短。《机构投资者》杂志主编基普·麦克丹尼尔发现，很多资本配置者嘴上说自己是长期投资者，但他们的薪酬激励措施却都是短期的。即便首席投资官有长期激励的措施，但对于一个旨在为广大学者和不同年龄段受益人服务的资金池来说，其对于管理者的考核期也很少超过 3 年。

再次要考虑的是比较的原因。许多首席投资官的报酬是根据同行的业绩表现来确定的，这种激励制度对于基金会来说是有害的。首席投资官们被分在管理规模相似的机构组别中，按照在组内的相对表现来获得薪酬，这容易忽视每个机构各自独特的需求。这种错配会导致异常行为出现。我记得一位投资信用债的基金经理曾经说过，他接受过一笔来自某家机构的带有附加条件的捐赠投资，要求基金经理不能再接受另外 8 家机构的资金。这个要求可能造成的后果，就是首席投资官把潜在的合作者变成了竞争对手。

当然，激励结构本身也在不断演进和完善。加拿大养老金基金就走在正确的道路上，他们设计的激励机制奖励的是长期和稳定的业绩。魁北克储蓄投资集团（Caisse de Dépôt et Placement du Québec，CDPQ）投资基金和对外经营负责人马里奥·塞里恩打了一个冰球手的比方，他说宁可和资方签署一个有长期保障的合同，也不愿意在 4 年之内暴赚一笔钱，然后早早结束自己的职业生涯。在这方面，加拿大养老金基金成了一个典范，他们的员工离职率很低，长期业绩很出色。

对于机构投资者的投资业绩而言，有效的治理可能是最重要的和最不被理解的驱动因素。清晰地界定董事会和投资团队的角色和职责、设立和管理投资委员会并适当调整激励措施是成功治理的关键要素。

一旦治理架构确立，首席投资官就会转向他们最为人所熟知的日常工作，也就是投资。投资过程本身始于他们如何看待这个世界。他们具体的投资策略则是第 7 章的主题。

CAPITAL ALLOCATORS

第 7 章

投资策略的 5 个要素

要成为一个好的投资者，你不需要有特定的投资风格，但你需要非常清楚你到底在做什么。

——本·英克尔

GMO 公司资产配置主管

To be a good investor, you don't need to have a particular style to your investing, but you do need to have a strong view of what you are doing.

– Ben Inker

Head of Asset Allocation, GMO

由首席投资官领衔的资产配置机构是一种相对较新的商业模式。20 世纪 90 年代初在耶鲁基金会担任分析师时，我可能是全美国唯一一个担任资产配置角色的人。播客上的首席投资官们具有非常广泛的职业背景。第一代首席投资官基本是自学成才，这一点并不出人意料。大卫·史文森的《机构投资的创新之路》被奉为这一领域的圣经，但纸上谈兵与实战截然不同。

首席投资官通过阐述一整套关于投资运作的理念，来构建他们的投资活动，接下来要做的一切都将基于这些理念。

投资策略的核心要紧密贴合资本的目标和预期，它会影响投资的时间期限、持有人的偏好、投资政策的制定和投资过程。

要素 1，紧贴资本的目标与预期

捐赠基金的任务是管理代际权益、平衡当前支出，同时为后代保持资产的购买力。安德鲁·戈尔登将这种视角称为“超越长期”（Beyond the Long Term，BLT）。他不仅要努力在未来 10 年内取得尽可能好的投资业绩，还要确保在接下来的 10 年里普林斯顿大学依然拥有具备竞争优势的项目。他们拥有极长的久期和每年的开支需求，这决定了捐赠基金公平的基调和多样化的投资取向。

基金会和医院会在其章程中阐述具体的使命。建立基金会的目的是为了按照原始捐赠者的意愿回报社会。医院资产管理的使命是为了帮助那些有需要的人。它们中的许多都是为长期存续而设计的。其他的基金会，比如查克·菲尼（Chuck Feeney）的大西洋慈善基金会，是为了帮助创始人在有生之年捐出所有的钱。[1]

澳大利亚退休基金为年轻人的退休需求服务。Hostplus 养老基金首席投资官萨姆·西西利亚负责管理一个资金池，在产生第一笔支出之前，这个资金池将有数十年的资金流入。所以，他的投资理念专注于资产的增值，而无须考虑短期流动性需求。

企业和公共养老基金是为了满足退休人员的需求。此类基金具备有限期限的固定负债流特征，这使得其负债与固定收益类资产相匹配。

每个人都可以自主支配自己所积累的资金，但如果用于投资的话，里霍尔茨财富管理公司（Ritholtz Wealth Management）首席执行官乔希·布朗（Josh Brown）认为：少即是多。那些在第一次会谈中就吹嘘自己投资组合的人，会被他排除在潜在投资目标之外。他认为这样的人都是为了自己的利益。

要素 2，越是困难时刻越要保持耐心

机构资金池的久期比任何一位首席投资官的任职时间都要长，所以职业风险是投资决策中最重要的考虑因素之一。但首席投资官普遍认为，耐心对成功来说至关重要。

对马里奥·塞里恩来说，耐心意味着在困难时期还能坚持。在他看来，长期投资同时也意味着表现不好的时间会比别人长。体育记者本·赖特（Ben Reiter）在回顾 2017 年休斯顿太空人队参加世界系列冠军赛的经历时，也分享了类似

的心得。让太空人队夺得冠军的就是耐心。他们已经在大联盟忍受了多年的挣扎和折磨，这给了他们将计划贯彻到底的信念。

从理论上讲，投资者倾向于把过长的投资期限缩短来看。尽管戈尔登赞成用长期的视角，但他认为现实的时间约束也很重要，也就是首席投资官能够多长时间、多大程度地忍受不利局面，而不随意改变他们的策略。多元化信托公司（Diversified Trust）创始人比尔·斯皮茨认为，这个时间期限可能是 3 年。他发现委托人在经历一年的糟糕业绩后就会变得焦虑不安，两年后则变得非常焦虑并开始扣动扳机，然后再花一年时间真正完成赎回。西西利亚在 2020 年新冠肺炎疫情刚开始时暂停了配置资金的工作，因为当时澳大利亚政府向民众提供了一个意料之外的特殊提款权，从而使整个养老金行业遭受了打击。

要素 3，将价值观与使命整合起来

首席投资官在各自的投资机构中逐步发展和完善了投资理念。史文森拥有经济学博士学位，他将其投资理念植根于学术研究之中。耶鲁基金会长期以来擅长权益、价值导向，偏好小盘股和集中投资的基金经理。他的学徒们在为耶鲁基金会服务的同时，也都潜移默化地接受了相同的理念。

安娜·马歇尔在美国以外的地方长大，她的职业生涯始于对高收益债和新兴市场债券的研究，所以她对国际市场有着浓厚的偏好，并非常强调下行风险保护。

资金管理者越来越强调将价值观和使命整合起来。纵观历史，首席投资官的任务是在给定风险水平下实现投资回报最大化。然而最近，他们在投资决策中会纳入对于公司广泛使命的考量。

通过将 ESG（即环境、社会影响和公司治理因素）纳入投资分析，实现可持续投资是资产管理业的一个显著变化。首席投资官可能会排斥对环境有害的资产，将 ESG 作为投资决策的考虑因素之一，并投资于顺应 ESG 趋势的资产，或直接投资于能对 ESG 产生正面影响的企业。在管理日本政府养老投资基金（GPIF，全球最大的养老基金）时，前首席投资官水野弘道意识到，其 1.5 万亿美元的资产，规模非常庞大，以至于必须构建全球投资组合。他没有将团队的精力浪费在跑赢基准上，而是专注于提高回报率本身。水野认为，投资于可持续的资产、公司和市场，将增加 GPIF

本身的持续性。他采取了一系列措施，鼓励 GPIF 及其相关机构在工作中重视 ESG。

要素 4，创建政策组合

历史上，机构采用自上而下的方法来评估不同类别资产的风险收益特征，以创建政策组合。通过定量分析和大势研判，首席投资官可以确定最可能实现其投资目标的战略性资产配置。这些目标是投资回报的重要驱动力，并为投资策略的实施奠定了基础。威利特顾问公司（Willett Advisors）总裁史蒂夫·拉特纳（Steve Rattner）坦承，在正常情况下，无论你在挑选基金经理方面有多出色，也不管基金经理本身有多优秀，大部分的回报都来自系统性收益（Beta 收益），而超额收益（Alpha 收益）一直是投资回报的较小部分。

直到最近，首席投资官们才找到了构建政策组合的感觉。在做业绩回顾时，可以看到资产配置是业绩回报的主要驱动力，但极少有首席投资官能很好地预测不同资产类别的回报。除了用作向董事会汇报之外，以资产类别作为投资组合的锚有很多值得商榷的地方。首先，资产类别的划分会派生出严苛的投资限制。罗兹·休森尼安认为“资产盒子法”

可谓是灾难，它迫使基金经理为了把资产装进相应的盒子而改变选择的标准。

相较于近期的市场变化，传统的资产配置方法对历史数据更为敏感，马特·惠内雷发现各个资产类别都有生命周期。随着越来越多的机构投资者买入某一类资产，超额回报率会随着时间的推移而下降。各个资产类别回报率的动态变化是影响组合回报率的重要因素。按照这个思路，GMO 公司资产配置主管本·英克尔坦承，在回答“以什么价格买入”这个问题之前，投资者无法做出准确的评估。

首席投资官们对传统资产类别的分类方法进行了创新。对一系列固定的资产类别分类进行适当地变通可以为投资过程带来灵活性。澳大利亚未来基金（Australia Future Fund）首席执行官拉夫·阿恩特（Raff Arndt）发现，灵活性并不是传统投资组合理论所考虑的因素。吉姆·威廉姆斯认为，归根结底，只有两种真正的资产类别：股权和债权，其他的都是这两种资产的排列组合。斯科特·马尔帕斯将圣母大学基金资金池中的资产类别从 6 个减少到 3 个，只剩下公开上市型、私募型和机会型，主要以流动性进行区分。这种更广泛的资产分类方法能让投资团队更好地匹配相应领域的优秀基金经理，并跨越传统的资产类别进行不同资产之间的风险收益特征比较。

麻省理工学院的塞思·亚历山大（Seth Alexander）采用了一种以基金经理为中心的配置框架来代替资产类别。他们致力于寻找独立于已有资产类别或策略的优秀基金经理，并根据对该基金经理的信心、对其所持有头寸的评估、彼此关系的融洽程度、组合的流动性以及该基金经理的策略相对于学院已有投资组合的偏离程度来确定仓位。[2]

惠内雷是从风险因素的角度部署新西兰养老基金的。他首先建立了一个参考投资组合，这个组合由易于复制、低成本的被动投资品种构成。这个参考投资组合没有采用传统的资产类别分类，而是更强调底层的经济因素，比如经济增长、通货膨胀和流动性。它使新西兰养老基金的治理委员会可以估计预期收益，并衡量主动偏离基准所带来的绩效。

惠内雷的战略投资组合由一系列风险预算组成，以确保组合的多样性和持续承担主动风险。风险篮子与普通因子截然不同，它们定义了组合回报的驱动因素，而不是标的资产的特征。风险篮子包括资产选择、结构、套利和融资、另类资产和实物资产。[3]

值得注意的是，引入灵活性因素可能会使训练有素的决策者产生动摇。“择机”几乎是灵活性的同义词，但这在机构投资中是一个“邪恶”的词。在传统机构投资的环境下，卡拉汉公司（CallagHan）执行总裁乔恩·赫特尔试图通过低频的介入来平衡纪律和灵活性，以期能够避免十年一遇的泡沫。

要素 5，积极推进内部管理

机构投资者更愿意专注于寻找外部基金经理。资产配置者相信，比起亲自下场，通过与各个资产类别、地区和策略领域中资源丰富的投资专家精诚合作，即便费用较高，也可以获得更高的收益率。

负责挑选基金经理的团队可以有不同的组织形式。吉姆·威廉姆斯认为，某一资产类别的专家有能力在该领域拥有深厚的专业知识和宽广的人际网络，特别是在另类投资领域；相反，BBR 合伙人公司（BBR Partners）创始人兼联合首席执行官布雷特·巴思（Brett Barth）和金·卢更希望团队成员是通才，有能力对不同领域的投资机会进行风险和收益的比较；哈肯萨克子午线健康公司（Hackensack Meridian Health）首席投资官唐娜·斯奈德（Donna Snider）采用了混合的模式，她团队中的资深成员是通才，而资历较浅的成员是专才。这种模式让资历浅的成员可以专注于某一领域，学习到更多知识并更快地为团队做出贡献。

一些大型资本正逐步将资产转向内部管理。由内部团队直接管理的公募或者私募资产具有易于控制、流动性较好和成本较低的好处，但潜在的缺点是备选人才的数量较少。建筑工会养老金基金（The Construction & Building Unions Superannuation Fund，简称Cbus）首席投资官克里斯蒂安·福克（Kristian Fok）负责管理一只规模非常大的基金，大到他已经无法再继续外包。他亟须做一些改变，要么增加管理人员，要么重设投资回报目标，然后转向内部管理。索罗斯基金管理公司首席投资官唐·菲茨帕特里克通过内部管理自己擅长的部分，把不擅长的部分外包给相应领域中的优秀管理者，从而解决了这一矛盾。

阿什·威廉姆斯认为，他可以找到愿意在佛罗里达海滩周边低成本生活，而不在纽约的熙熙攘攘中赚取高额薪水的优秀基金经理。拉特纳将内部投资称为捐赠基金投资模式中的一味特殊调料。他认为，提供有足够竞争力的薪酬，就能招到足够的内部投资人员，同时，薪酬支出总体低于外部基金经理 20%。

资产组合的内部管理可能比想象中要难一些。拉里·科查德在 UVIMCO 任职期间曾经尝试过公开股票的内部投资组合。他的团队成员根据以往从外部基金经理那里学到的知识直接买入了头寸，但却不知如何管理，更不知如何卖出。

加拿大养老金基金在将资产转向内部管理方面走在了世界前列，他们相信自己拥有成功所必需的管理能力、薪酬和人才。塞里恩见证了 CDPQ 过去 20 年向内部管理的转变，如今该基金约 90% 的资产由内部管理。然而，即使内部管理的比例不断增加，CDPQ 依然认为外部基金经理拥有巨大的价值，视他们为“通向世界的窗口”。

首席投资官明确阐述了其投资战略，作为他们应对各种挑战的指路明灯。他们往往先从投资哲学开始，通过一个个具体的策略，为达到投资目标打下基础。然后，他们就要入场，开始执行既定的策略，这正是第 8 章的主题。

CAPITAL
ALLOCATORS

第 8 章

投资流程的 6 个环节

拥有好的流程就好比拥有精心排兵布阵的棋盘，可以应对不利的局面。有了这个流程，当幸运降临时，你可以更好地利用它，而当厄运当道时，你可以抵御它。

——贾森·卡普

HumanCo 创始人兼首席执行官

Having a good process basically sets up your chessboard to deal with more crap. It sets it up in a way that you can take advantage of luck when it comes your way, and that you can defend against the crap when it comes your way.

– Jason Karp

Founder and CEO, HumanCo

在制定了策略之后，投资者将转向实施策略的过程。贾森·克莱因认为，这个过程是在投资者世界观的指导下，把策略变成经济上可行的计划。

首席投资官负责制定投资策略，并定期与董事会一起进行审视。然后，首席投资官需要花费大量时间实施投资策略，包括寻找基金经理、督导研究、构建投资组合和监控投资。每个环节都是一个多步骤的过程。

环节 1，寻找适合的基金经理

如果投资哲学和策略被很好地定义，资产配置者就能有效地缩小潜在投资标的的搜寻范围。根据 NEPC 咨询公司收集的数据显示，主动型基金经理管理着约 3 850 只美国股票基金、5 100 只国际股票基金、4 800 只固定收益基金、2 300 只平衡策略基金和 8 000 只对冲基金，另外，大约还有 3 200 只私募股权基金、5 400 只风险投资基金、1 200 只房地产基金、400 只基础设施基金。在资产配置者投资范围内的至少有 34 250 只基金。

审视这些投资标的的最大约束是时间。投资团队的首要任务是监控他们现有的基金组合。一个典型的机构会在不同的资产类别中投资 100 只左右的基金，每年需要与这些基金经理会面 2 ～ 4 次不等。他们还要花费大量时间来衡量绩效和管理风险，仅维护现有的投资组合可能就要占到投资团队一半以上的时间。

投资团队另一个同等重要的任务是与内外部沟通，需要召开日常内部研究会议和定期投资委员会会议，每一次会议都需要做大量的准备工作。剩下的时间投资团队才能去发掘新的机会。这个过程包括阅读新闻、策略报告、基金经理的文章和公司感兴趣领域的相关报告。这项工作在与候选基金经理会面之前就要开始。

一个投资团队的成员每年可能只能接触 200 ～ 400 只新基金。换言之，一个典型的投资机构能够研究的标的不超过潜在投资范围的 1%。所以，一个基金经理获得与资本配置者会面机会的概率，只有一个高中生被耶鲁大学或哈佛大学录取概率的 1/6。

那么，首席投资官到底如何带领团队找出适合其投资组合的基金经理呢？这个过程一般是这样的：先依据一系列的规则缩小搜寻范围，然后从现有的基金经理那里获得一些推荐人选，并从各种人际关系网络中获得灵感，再和同行交流想法，最后，对潜在人选发出邀约。

缩小搜寻范围

若有必要，首席投资官会根据一系列规则筛掉不匹配其投资组合的基金。比如，拉夫·阿恩特掌管着规模达 1 600 亿澳元（约 1 050 亿美元）的澳大利亚未来基金，他不会把时间花在那些无法容纳数亿美元资金量的基金上。相比之下，伊利诺伊大学基金会首席投资官埃伦·埃利森管理的基金规模在 30 亿美元左右，她就更加偏好于管理规模适度或偏小的基金经理。她尽量避开超大规模的基金，在流动性和灵活性之间寻找最佳平衡点。其他常见的筛选依据包括基金公司的股权结构、产品供应的多样性、机构的任期、过往记录的时间长短和名下管理的资产等。

这些经验法则可能会将一些优秀的基金经理排除在考虑范围之外，但首席投资官们最担心的并不是错过。卫斯理安大学（Wesleyan University）首席投资官安妮·马丁（Anne Martin）认为："宁可错过，不能做错。"同样，布雷特·巴思也表示，对于错过好的投资并不特别遗憾，但却十分在意选择的基金经理表现得不尽如人意。

从现有基金经理的推荐中发掘

大多数首席投资官会从现有基金经理的推荐中发现新的投资人选。因为投资组合中的基金经理与首席投资官拥有相同的投资理念、匹配的投资策略，又因投资技能高超而入选，并对首席投资官的业绩做出过实质贡献。斯科特·马尔帕斯认为，他的基金经理应该是市场上他所知的最聪明的一群人。否则，他不会投资他们。

马尔帕斯经常让他认识的基金经理推荐所知道的最优秀的人才。特别是在考虑新的投资组合基金经理时，他还会向已有的基金经理征询意见。

利用人际关系网络

首席投资官还会利用团队和董事会成员的个人和专业领

域的关系网络，来筛选和确定新的基金经理。罗兹·休森尼安会确保团队中的每个人都参与了这个过程。她认为，年轻人更容易有差异化的发现，因为他们的想法尚未被偏见影响。

也有一些首席投资官会与外部顾问合作，以拓宽他们搜寻投资机会的范围。首席投资官会借鉴外部顾问的想法，利用后者做尽职调查或把他们作为传声筒，以确认尽职调查中的选项。与外部顾问的绑定程度与首席投资官拥有资源的多少有关，拥有更多资源的首席投资官往往较少依赖外部顾问。

从值得信赖的同行中寻找

机构投资者喜欢扎堆。尽管每个投资团队都以拥有独立的想法为荣，但大多数团队还是会找到一些值得信赖的同行，与他们分享想法，扩大亲密关系网。

对于许多基金经理来说，一个严酷的现实是，通过直接打电话的方式很难与资本配置者建立联系。除非这位基金经理已经从现有投资组合中的某位基金经理、资本配置团队的人际网络或他们的同行那里获得了某种推荐，否则要引起资本配置团队的注意是非常困难的。

环节 2，明确目标基金经理应具备的特征

当资本配置者面对一群热情恳切的基金经理进行发言时，总会不可避免地被问到这样一个问题：你希望寻找到什么样的基金经理？

将复杂的任务提炼成简单的框架不足以描述资本配置者的实际工作，因为他们每天都要有条不紊地填充投资组合。但如果你在这个行业待得足够久，你总会听到一些关于选择基金经理有趣的经验口诀：

- 3A：接洽（Approach）、优势（Advantage）和一致性（Alignment）。
- 3P：人员（People）、流程（Process）和绩效（Performance）。
- 5T：才能（Talent）、趋势（Trendy）、跟踪误差（Tracking Error）、尾部风险（Tails）和费率（Tolls）。

每一个口诀都有可取之处，它们分别强调了人的重要性、竞争优势和结果。我是在一次行业会议上加入这场讨论的，从而提出了我自己的字母缩写口诀。“位置、位置、还是位置”是一句地产业人尽皆知的话，用来形容房地产投资

的 3 个最重要的指标。我把它用到了资本配置领域，即挑选基金经理 3 个最重要的方面是 3C：性格（Character）、性格，还是性格。

首席投资官们必然不会受限于这些口诀，他们更加注重性格、利益一致性、竞争优势和合同条款。

性格

每一位首席投资官在选择合作伙伴时都会强调的一个方面就是性格。播客的嘉宾们也用他们喜欢的格言来解释这么做的原因。

> 品格高尚的人永远不会丢失它，而没有高尚品格的人可能永远也不会得到它。
>
> ——查尔斯·埃利斯

> 过去的表现不一定代表未来的结果，除非在品性方面。
>
> ——乔恩·哈里斯

对性格的评价是非常主观的。判断力、谦逊、可信度和品德是最常被提及的内在特征，其他受欢迎的因素包括竞争力、出身、好奇心、驱动力、自我意识和气质等。

首席投资官将性格评估从单个领导者扩展到整个组织文化。兰德尔·斯塔特曼将企业文化定义为企业内部一整套的行为规范。资本配置者需要花时间去了解整个团队，观察其是否具有凝聚力且有一致性的文化。

利益一致性

“利益一致”这句话总是挂在首席投资官的嘴边。薪酬安排、适宜的管理规模以及透明度都有助于基金经理以投资者的利益为先。

埃利斯对资产管理这项业务和投资者这个职业做了区分。资产管理这项业务是靠收取管理费盈利的，而投资是为了获取超额回报。资本配置者更喜欢与专注于投资这个职业的人合作，并时时警惕着投资和资产管理这两者之间的内在矛盾关系。基金经理需要一个健康的商业环境来更有效地开展投资，但当经济上的激励使基金经理偏离投资这个职业太远时，其投资结果大概率会受到影响。

为某种投资策略确定一个适当的管理规模与其说是一门科学，不如说是一门艺术。需要大量基础设施支持的投资策略可能需要较大的管理规模才能彰显其威力，而受益于灵活性的基金经理可能认为资产规模的增长会减少他们能够把握的投资机会。

透明度则是另一个重要因素。资本配置者希望尽可能地掌握关于他们所投资的机构、所追求的策略以及所持有的风险敞口等所有信息，所以，沟通渠道越开放、越坦诚，资本配置者就越觉得舒服。

竞争优势

成功的投资者需要找到自己的优势。迈克尔·莫布森使用缩写“BAIT”来描述基金经理可能拥有的竞争优势，以及资本配置者致力于寻找的竞争优势种类。[①]

- B：行为控制（Behavioral），对行为偏差的管理能力，包括过度自信、确认偏差、锚定效应、亏损厌恶和近期偏差。

① 莫布森虽专注于股票市场，但是他的框架广泛适用于各种资产类别。

- A：分析能力（Analytical），对于同样的信息拥有超越一般投资者的理解能力，拥有超群的智力和组合构建能力。
- I：信息处理（Informational），拥有比一般投资者更强的信息加工能力，如短时间内的计算能力。
- T：技术因素（Technical），能迅速确定其他人采取某种行动的非基本面原因，比如来自委托代理的问题或流动性需求，及趁乱抄底等行为。

合同条款

合同条款也是一个重要因素。资本配置者偏好把管理费与基金经理的激励挂钩、投资期限与策略相一致，以及基于长期视角的投资者。

管理费费率一般都会被仔细审查，因为董事会无法预知净回报率，但他们可以事先看到管理费费率。持有人最终也只能“吃”到费后的净回报。从历史上看，高管理费费率并不受行业待见。Aperture Investors 投资公司首席执行官彼得·克劳斯（Peter Kraus）指出，基金经理设置收费结构和潜在动机都是为了增加资产，而资本配置者只能从这些基金经理中进行选择，双方利益并不完全一致。高管理费费率会使资本配置者的绩效受到损害。

拉里·科查德试图找出在不牺牲管理质量的情况下降低管理费费率的方法。但也有许多首席投资官表示，他们乐于为出色的业绩买单。

> 如果能拿到卓越的净回报，那么我愿意承受任何水平的费率。
>
> ——史蒂夫·拉特纳

> 我每天早上醒来都会祈祷，希望今年我要交的管理费是有史以来最多的。
>
> ——乔恩·哈里斯

> 不要幻想你能获得非凡的业绩，同时支付很低的费用。当你找到真正优秀的人时，就必须出高价。
>
> ——安德烈·佩罗尔德

除了管理费费率之外，资本配置者还需要研究法律文件中的一系列条款，以明确基金经理是如何看待和对待投资者的。达拉斯儿童健康中心（Dallas Children's Health）投资主管克里斯蒂·汉密尔顿（Christie Hamilton）发现，这些法律文件阅读起来非常费时费力，因为“你应该质疑的常常是第 30 页的第 10 段”。哈里斯想搞明白私募股权基金的投资者是“有限”合伙人还是有限的“合伙人”。他为投资者标示出了需要重点审查的一系列条款，而在这个市场中，基金经理在谈判时明显是更有利的一方。[1]

环节 3，通过尽职调查评估候选的基金经理

研究新投资机会的过程，包括一系列面对面的会谈、幕后的研究以及最终给出投资建议。资本配置者需要评估基金经理身上的特质是否具有吸引力、一致性和可重复性，还要评估其投资流程。资本配置者在真正委托资金之前，一般都已经认识某位基金经理数年，除非这位基金经理之前一直处于满负荷状态。比尔·斯皮茨将挑选基金经理的过程比作约会：“你最好不要在第一次约会时就做决定。”

面谈

最初几次面谈的重点是要了解基金经理的背景和过往经历。资本配置者通常会找不同的人在不同的场合面谈，以观

察其一致性。在造访基金经理办公室的时候，NEPC 咨询公司首席投资官蒂姆·麦卡斯克（Tim McCusker）会重点观察团队成员间如何相互协作。他会观察办公室的氛围、内部的等级以及交流的质量。

马丁喜欢将基金经理带出办公室，以进一步了解他们。她想知道她和这位基金经理的关系能否经受住“战壕”里的“恐怖”考验。她认为如果她不想和某位基金经理共进晚餐，那就不应该投资他。

随后的面谈可以深入讨论投资流程、投资组合构建和底层投资品种。华盛顿大学圣路易斯分校首席投资官斯科特·威尔逊（Scott Wilson）及其团队会重新承保基金经理的某些投资品种，进行独立的安全性分析，以确认其投资想法对他们的吸引力。

研究

在一系列的面谈之后，资本配置者会对面谈记录进行独立审阅。他们会阅读基金经理所提供的材料，并通过查阅公开信息进行验证，还会与其竞争对手交流，并进行详尽的背景调查。资本配置者一般会列一张尽职调查的清单，以确保所有的工作都落实到位。

还有一点，资本配置者一定会研究基金经理过往的业绩，有些人会把它作为预测未来业绩的一个指标。绝大多数精明的资本配置者都会试图从过往的业绩记录中挖掘基金经理在顺境和逆境时的行为方式，过往的业绩固然无法预示未来，但一个人的性格和气质是很难改变的。

首席投资官会汇总所有团队成员的研究结果，并对机会和风险进行衡量。马丁不喜欢凑热闹，而是喜欢挖掘尚不为人所关注的投资机会。如果发现了某位心仪的基金经理，而他还没有被其他优秀的投资者所关注，马丁就会思考她到底看到了哪些别人没有看到的东西。她也许是对的，但这也需要反复地验证和确认。

拉特纳坦陈，即便完成所有这些工作，要做出投资某位基金经理的决策依然是一门艺术。他会看着眼前的这个人，去感受他到底有没有成为伟大的基金经理的动力和决心。

推荐

资本配置者会在书面投资建议中将他们的研究进行总

结，然后将总结好的备忘录提交给决策机构。这些备忘录涵盖了基金经理的方方面面，包括背景、团队、投资机会、投资想法、研究、决策制定、投资组合构建、风险管理、绩效和运营风格。

就如同交易员写交易日志以实时记录思维过程一样，有思想的资本配置者也会写简明的投资报告以阐明投资主题和所预见的风险。一篇有效的报告应该建立在坚实的论据基础上，而不仅仅是简单地陈述事实。这样资本配置者就可以定期做回顾和审视，而不会受近期业绩表现的影响。我曾经告诉我的团队，写一篇关于基金经理智商的报告对投资没有帮助，除非我们能做到定期测试他们的智商，并在智商下降时加以弥补。好的投资报告可能也会进化成一种投资优势，就如同私募股权公司通过卓越的运营能力帮助被收购企业提高利润率。

环节 4，确认单个头尺的规模

首席投资官会综合考虑资产配置的目标、对基金经理的信心、流动性状况和风险来确定单个头寸的规模。而在考虑投资组合中头寸的占比时，他们会通过项目查看基金经理所持有的底层资产。

构建投资组合有一个棘手的地方，是必须将静态的名义回报承诺与估值随市场波动的资产组合到一起。资本配置者试图对投资者申购和赎回的时间进行建模，以预估适当的仓位。但金融危机等因素使许多金融机构对投资者做出的承诺变得过高了。例如，2008 年金融市场的崩溃使他们的资产规模严重缩水。

环节 5，持续监控基金经理的业绩

投资机构是动态变化的。资本配置者会定期回顾其投资报告和预期风险，并重新评估组合中的基金经理，此过程聚焦在组合中投资产品的预期业绩和实际业绩的相对变化上。

监控产品变化

投资公司会随着时间的推移而发展。斯皮茨认为，基金经理的更替与公司的战略、风格、人员或激励的重大变化有关。

初创公司逐渐会有成长的烦恼。斯塔特曼认为，投资方面的专业知识无法用于运营公司。基金经理可能真的不知道如何创建一个组织、确立团队文化或培养人才，最重要的是也不知道如何让组织对其投资过程有积极的贡献。

当企业成功地渡过早期阶段并开始产生丰厚回报时，资本配置者会密切关注基金经理的反应。好的企业经营业绩给基金经理提供了很好的成长机会，这种情况下有些基金经理依然遵守纪律、洁身自好，而有些则迷失在金钱中。

扩大管理规模后基金经理会获得激励，但这也为投资者带来一系列问题。卢森堡资本公司（Lux Capital）联合创始人乔希·沃尔夫（Josh Wolfe）指出，当资源丰富的时候，人们就会比较放松而且喜欢冒险。但没有节制的资产规模增长可能会损害现有策略的完整性，而内在的利益冲动则会使基金经理增加产品的供给。适度的资产规模增长和新产品供给有助于增加现有基金的价值和公司的整体实力，但太多就只会分散基金经理的注意力，增加公司运营的复杂性。

投资界有一句格言叫作“规模是业绩的敌人”，商业界则有一句口号叫作“要么成长，要么消亡”，基金经理需要在这两者之间求取平衡，而资本配置者也深谙这一点。安德鲁·戈尔登深知基金经理深度耕耘的好处，但也认识到世界在变化，所以基金经理也必须进步。他关心的问题是，基金经理是否在以一种能够激发自信的方式进步。

从个人的角度来看，好的年景是一个观察人性的机会，有些基金经理会变得傲慢，而有些则永远谦逊，资本配置者当然更喜欢后者。当资本配置者感觉到基金经理变得过度自信和贪婪时，危险的信号就会出现。高观投资（Overlook Investments）创始人兼执行总裁理查德·劳伦斯（Richard Lawrence）认为，相较于规模，贪婪是更危险的敌人。克劳斯发现，自负的基金经理在获得成功后往往会丧失自我意识，他们过于相信自己，导致看不清真相。基普·麦克丹尼尔发现，当人们积累了一定数量的财富后，就想要掌控生活的所有方面。

业绩表现不佳对基金经理来说是恶性循环的开始，可能会导致资金赎回，从而带来业务上的压力。机构越小，就越承受不起赎回压力。即便是那些将短期业绩压力视为未来机遇的资本配置者，也会对其他投资者危及公司诚信的行为很敏感。如果基金经理能够正确地应对低潮期，那么这也可能会成为变革的催化剂。基金经理可能会从一个不再奏效的周期性策略上转移，从而带来业绩的起色。亚当·布利茨发现，如果基金的持有人基础比较薄弱，在业绩不佳时会变得非常紧张，因此可能会将暂时性亏损变成永久性损失。此时的赎回将迫使基金经理在最糟糕的时点卖出。

低潮期也会暴露合伙人之间的潜在冲突。许多投资机构其实是不稳定的，要依靠少数几个关键人物来维系组织运转。当摩擦导致有人离开之后，资本配置者需要仔细审视留存的组织和人员。通过与即将离职的员工面谈，资本配置者可以有机会了解组织中长期存在的问题。有些公司禁止前雇员谈论任何关于公司的话题，而也有些公司对此采取支持的态度。当然，这些交谈是需要结合具体背景的。离职的团队成员有自己的职业规划和想法，而公司也需要保护自己的声誉和生意，尽管资本配置者可能不得不对他们听到的内容打一些折扣，但与前雇员进行交谈还是有助于从内部视角观察他们所委托的机构。

能够保持冷静的基金经理可以更好地应对业务中不可避免的挑战，韧性和决心是能获得长期成功的基本特征。如果企业经历了一场风暴，而基金经理的表现依然很稳定，那么资本配置者也会有勇气坚持到底。

监控业绩变化

聪明的首席投资官会利用业绩的高潮期和低潮期来校准期望值。强劲的业绩可能会引发不必要的变化，而较弱的业绩则会检验组织的稳定性和基金经理的性格。

人类的行为特点导致基金经理和资本配置者对业绩天然的追逐。尽管投资备忘录中会事先阐明某一策略所隐含的风险，但首席投资官在真实面对这些风险时依然可能会步履维艰。某些风险不可避免地会在业绩低潮期发生，但这是否就意味着某位基金经理不适合继续管理该投资组合？抑或是在通往投资成功的坎坷道路上，风险只是收益的自然组成部分？

莫布森分享了一种常见的情况：

> 如果你把钱交给了某家投资机构，但回报率一直不好，也许是投资技能不行，也许是基金经理丧失了理智。于是你决定重新评估你的投资行为。评估的过程也许会涉及以下这些问题："我们能否经常对投资流程进行评估？""投研骨干们还在继续努力吗？""这家机构能否较好地管理和减轻行为

偏差的影响？”“他们是否恰当地处理好了委托代理问题？”

环节 6，在长期合作的基础上不断寻找新机会

首席投资官业绩的核心引擎，是在严苛的投资过程中幸存下来的基金经理的组合。如果你愿意等待，可以把这个过程想象成烤蛋糕。这种蛋糕的烘焙需要很多年，其配料的混合过程也很缓慢。

首席投资官以与基金经理建立长期合作关系为荣。长期关系的好处包括，对目标和价值观的相互认可、为追求长期投资提供稳定的资金，以及对收益与风险预期有相似的理解。

投资组合中的基金经理名单虽然不会频繁变动，但间或也会有些更替。这给首席投资官提供了寻找其他投资机会的空间，或者称为寻找蛋糕上的糖霜（锦上添花）。这些行为包括再平衡、叠加、共同投资、低成本的替代品、内部管理和关系管理。

再平衡

当市场波动使组合的资产配置偏离了目标时，投资者可以通过反复、严格地调整资产组合与配置目标之间的再平衡来增加收益。[2] 摩根大通市场与投资策略主席迈克尔·塞姆巴莱斯特（Michael Cembalest）发现，机构客户的投资委员会对再平衡有着类似宗教般的狂热，当资产价格上涨时，他们会通过再平衡使组合回到正常状态，而当市场下跌时，他们会增加风险承担。

再平衡通常发生在美国股票、国际股票、固定收益和现金这几类资产之间。而在具体资产类别内部，根据市值、地理区域和其他风险因素等，资本配置者可以进行更小精度的再平衡。

低成本 ETF（交易型开放式指数基金）的激增为首席投资官提供了现成的工具，可以在不需要改变基金经理配置的情况下对投资组合进行再平衡。劳伦斯指出，再平衡是一种完美的手段，因为它完全不会受到情绪的影响。

叠加

主动型基金经理是通过自下而上的方式筛选出来的。资本配置者花费大量的时间和精力，汇总每个基金经理的风险敞口，以评估整个投资组合的风险。当市场波动推动投资组合偏离配置目标时，除了再平衡策略外，首席投资官还可以使用叠加策略来改变投资组合的构成。马特·惠内雷采用了战略偏离组合来应对风险预算中长期的均值回归。

在感知到市场极端风险的情况下，通常可以采用叠加策略来降低风险。完美地把握峰值时间是不可能的，但一些资本配置者依然会在感觉到市场充满风险时采取行动。这些行动往往从增加现金仓位开始，其唯一的成本是机会成本。然后，资本配置者会调整基金经理的整体规模和结构，倾向于低风险暴露的基金经理或者增加擅长处理尾部风险的基金经理。此外，首席投资官还会采用直接对冲下行风险的手段，比如通过看跌期权、期货、股票或固定收益指数的掉期等。

共同投资

首席投资官通过与投资组合中的基金经理共同投资的方式，朝直接投资迈出了一小步。接受共同投资的理由因人而异。休森尼安利用共同投资以较低的成本增加对私募股权的风险敞口。吉姆·威廉姆斯认为，共同投资是他们在不同资产类别中表现最好的投资之一。威尔逊则利用共同投资来筛选比较集中的投资组合中的品种。

首席投资官会根据不同的项目意图来设置共同投资的流程，包括寻找、筛选和审视投资机会。休森尼安从选择基金经理的角度来审视私募股权的共同投资，事先确定每一位基金经理在市值、行业和地域上的不同优势，并在出现相应机会时进行共同投资。吉姆·威廉姆斯想知道的是，机构的合伙人和基金经理有没有将自己个人的资金投入到共同投资之中。威尔逊则会为每个单独的共同投资机会提供背书。

不过，共同投资并不适合所有人。沃夫拉公司（Wafra）高级董事丹尼尔·亚当森（Daniel Adamson）发现，资金方普遍眼高手低，在对即时性要求很高的交易中，大多数人都无法迅速做出决策。

低成本的替代品

资本配置者对于主动型基金经理的高管理费费率比较了解。当拥有议价的资本时，资本配置者会和基金经理就管理费费率条款进行谈判。

也有许多资本配置者会在市场中寻找机会，以折扣价获得与基金经理相似的回报。在耶鲁捐赠基金的时候，我负责跟踪美国的封闭式基金市场和英国的投资信托市场，寻找那些擅长投资 ETF 的基金经理。有一些家族办公室和机构通过创建投资项目来复制机构投资者持仓情况报告表——13F 文件中所披露的股票组合。这类投资项目的产生提出了一系列有趣的问题：资本配置者和基金经理之间关系的本质是什么？什么样的服务才是恰当且能提供附加值的？

内部管理

资本配置者并不一定要把所有仓位都委托给外部基金经理。一些机构将内部资源聚焦于市场最有效的领域，在这些领域，他们可以购买低成本指数基金或在内部采用被动策略的组合。内部管理使得资本配置者能够对投资过程和市场波动进行更多的控制。阿什·威廉姆斯就采取了这种折中的方法，他自己的团队成员负责管理被动和定量的股票策略，而其他人则继续寻找优秀的外部基金经理。

关系管理

开始一项新的投资是有趣而令人兴奋的。首席投资官有权让基金经理知道，他们已经准备好步入长期“婚约”了，

“蜜月期”即将开始。

然而，退出一段关系就远没有那么令人愉悦了，几乎所有的“婚姻”关系最终都会结束。最好的情况可能是资本配置者一直陪伴到某位基金经理退休。不过这也会给资本配置者留下一点点焦虑，因为资本配置者在结束这一段成功的合作关系之后，又需要寻找下一个接替者。

但更多时候，首席投资官会改变主意。他们可能对未来持消极的看法，或者认为自己犯了错误。在私募市场，当某位基金经理开始为后续基金筹集资金时，首席投资官可能就会跟他翻脸，而在公募市场，这种情况随时可能发生。

不管出于什么原因，首席投资官都会仔细考虑他们在进入或退出某段合作关系时所传达的信息。在一开始就设定一个合适的基调，离开时再设法引起别人的共情，这会让市场对首席投资官及其所在机构有更好的印象。虽然无法与其他锦上添花的举措相提并论，但这会对他们获取未来的投资机会有所助益。

条理清晰的投资流程包括搜寻外部基金经理、尽职调查、构建组合、监控和提供附加值，这使得首席投资官能够顺利地实施其投资策略。这个流程中的许多技巧都是定性的。第一部分工具箱中的每个工具也都是如此。

但在一个快速拥抱科技的世界里，首席投资官们也需要考虑量化工具如何帮助他们提高投资业绩，这正是第 9 章的主题。

CAPITAL ALLOCATORS

第 9 章

技术创新的 5 个方向

凡是能被测量的都能被驾驭。

——珍妮·赫勒

布兰迪集团顾问公司首席投资官

What gets measured gets managed.

– Jenny Heller

CIO, Brandywine Group Advisors

金融史反复提醒我们，过度依赖模型可能会导致麻烦。塞思·马斯特斯指出，风险模型是假设世界维持在最近的状态，而所谓百年一遇的洪水却每 10 年都会发生一次。首席投资官们都明白用过去预测未来可能会导致错误，却还总是将决策重点放在定性因素上。

技术创新促使各行业正在以前所未有的速度加快产业变革，但资本配置者利用复杂的定量分析工具来改善业绩的方式却仍处于尝试阶段。首席投资官们会使用某些成熟的工具来评估过去的市场，给资产配置、风险管理和绩效评估提供可以参考的基准和预期。金融科技公司也正在努力帮助公募基金经理提升业绩，他们所做的努力可能预示着未来的趋势。

方向 1，尝试更多的资本配置数学模型

资本配置的数学模型借鉴了哈里·马科维茨（Harry M. Markowitz）在 1952 年提出的现代投资组合理论。马科维茨的模型采用了预期收益、标准差和资产类别的相关性作为输入变量，利用均值 - 方差优化法来创建有效边界。投资者可以沿着有效边界曲线来选择风险收益比最佳的资产组合。

理论虽然很优雅，但现代投资组合理论所基于的假设前提在现实世界中是不存在的。该模型需要呈正态分布的收益率曲线和对收益与风险准确而稳定的估计。它只考虑了两种资产类别间的权衡，而没有考虑在机构投资组合中经常出现的非流动性资产。

首席投资官通过研究历史，试图预测在未来市场动荡时期他们的投资组合将会怎样变化。他们会运用蒙特卡洛模拟来预估达不到长期投资目标的概率，例如维持某个资金池的购买力或者匹配某个养老基金的负债。情景分析和压力测试也有助于评估短期亏损的可能性。

方向 2，进行多个层面的风险测量

风险测量是对投资组合的一种事后评估。除了投资组合层面的测量外，首席投资官还会逐个评估基金经理的个体风险，同时考察回报序列和底层资产的安全特征。

基于回报率的分析可以挖掘隐藏的风险因子。资本配置者将基金经理的回报序列与一系列资产的历史回报序列做回归，就可以确定组合与不同风险因子之间的相关性。但这种做法有时候会出现伪相关，比如与某种外国货币有无法解释的相关性。但有的时候，某些看似荒谬的相关性会促成新的发现，比如组合回报与尼日利亚奈拉货币的相关性，尼日利亚其实是一个重要的石油出口国。

资本配置者还会整合不同的风险因子以计算组合整体的风险敞口。典型的风险敞口包括资产类别、地理位置、市值、行业、风格（价值 / 增长）、质量、宏观经济（利率及货币）、所有权、久期、流动性和 ESG。及时测量风险，并定期重复这项工作，使资本配置者能够较好地了解组合对于非主动承担的风险的偏离程度。

方向 3，根据长期目标和短期约束进行风险管理

测量风险是管理风险的先决条件。前者并不是严格意义上的科学，后者更可以说是一门艺术。风险管理的目标是在给定的风险承担水平下获取最大的收益，或者是在获得目标收益的情况下承担最小的风险。

通往投资成功的路充满坎坷，首席投资官会根据其长期回报目标和短期约束来审慎地承担风险，从而在动荡的市场中坚持到底。

风险管理并不是消除下行风险的万全之策。因为没有风险，就没有回报。这只是对潜在回报概率分布的一种推测。当马克·鲍姆加特纳考虑风险时，他会仔细观察每位基金经理的集中度、杠杆率和流动性，以评估出现负收益的可能性。

然而，组合最大的风险恰恰是看不到的尾部风险。正如已故的彼得·伯恩斯坦（Peter L. Bernstein）所说："风险意味着你不知道会发生什么。"我的职业生涯从 1987 年股市震荡之后开始，至今遭遇的回撤包括 2000 年的互联网泡沫、2008 年的全球金融危机、2020 年的新型冠状病毒大流行，

以及一路上众多的市场下跌，每一次都可谓系统性风险。医生们把 SARS-CoV-2 称为“新型”冠状病毒，由它造成的全球经济休克式停摆确实是“新型”的，以前从未发生过。

每一个尾部事件都在提醒首席投资官去思考模型背后的假设。2000 年的互联网泡沫是基于这样一种假设：互联网技术将永远改变企业的经营方式和估值，市场早在 10 年前把溢价都反映了；2008 年的金融危机是因为抵押贷款行业杠杆率过高，其基本假设是美国各地的房地产价格永远不会同时下跌；而这场在 2020 年震撼金融市场的大瘟疫是由无法预见的健康危机造成的。

金融史提醒我们，首席投资官不可能绕过路上的每一个坑，但良好的风险管理可以使投资组合处于风险收益比最佳的状态，以满足长期目标。

方向 4，采用多种工具进行绩效评估

根据评估意图的不同，绩效评估可以采用多种不同的工具。首席投资官也会采用多种工具来评估自己的组合表现以及私募股权和公募市场基金经理的业绩。

首席投资官的绩效评估

首席投资官最终要对自己的业绩负责。投资绩效是根据不同的政策组合、资产类别和基金经理各自所对应的基准来衡量的。尽管资金池的投资期限很长，但每个季度的绩效评估报告都要汇报给治理委员会。

绩效评估会使用一系列的衡量标准。在总的投资组合层面上，会使用定制的混合指数作为基准，来评估政策投资组合的回报率、相对于组合政策的漂移程度以及具体资产类别内的实施情况。在具体资产类别内，衡量主动管理是否成功的基准包括市场指数和相同策略组内的其他基金经理的表现，目的是要衡量所选基金经理的绝对和相对收益。也有一些首席投资官会被放到一组相似的投资机构中进行评估，不过，这种做法有时会把合作者变成竞争对手。

私募股权基金经理的绩效评估

对于私募股权基金经理的统计分析尚处于起始阶段，因此能看到的数据也较少。与公募市场的基金经理相比，私募股权基金经理通常持有更少的品种，但持有期更长。

在私募股权领域，连投资绩效也是比较模糊的概念。因为基金经理需要应付定期或者不定期的资金支出，所以并不适用用固定期限衡量的投资回报率。基金经理的投资绩效一般会以资金加权平均收益率或者内部收益率来替代，但容易失之客观甚至具有欺骗性。内部收益率容易受到杠杆率和非经常损益的扭曲，也没有考虑到资金的机会成本。

资本配置者在衡量私募股权基金经理绩效的时候会观察一系列的回报率指标，还会考虑现金回报率。克里斯·多佛斯把自己的 KPI 描述成 “moolah in da coolah”（落袋为安的现金回报率）。在私募股权市场，资本配置者用来衡量基金经理的指标包括总投资倍数 TVPI（基金投资总价值与实缴资本之比）、投入资本分红率 DVPI（已分配价值与实缴资本之比）和投资未实现倍数 RVPI（基金的残值与实缴资本之比）。但 TVPI 和 RVPI 的计算中涉及的未分配价值的评估比较主观，容易受到操纵，特别是在基金经理准备为后续基金募资的时候。

如果要对私募股权基金进行更深入的分析，那么就要涉及负责个人投资的人，以及回报率所对应的杠杆水平。资本配置者会仔细研究每项投资的领投人，因为他通常会显著地影响投资结果。资本配置者还需要仔细剖析到底是投资运营还是财务杠杆在驱动回报率，并且在持有期内将基金的收益率与公募市场的同行进行比较。

统计分析的天然后视镜属性使之充其量只能算是私募股权基金业绩的滞后指标。多佛斯建议可以倒过来算，把基金打开时需要达到的收益率分配到每一笔投资，然后据此跟踪审查相应公司的业务进度。在风险投资界，资本配置者有时候会这么问："这家公司需要做到多大规模才能给基金带来 50% 的收益率？"在并购界，资本配置者必须研究组合中的公司需要如何运营，才能逐个给基金带来 20% ～ 30% 的回报率。

公募基金经理的绩效评估

与私募股权相反，公开市场的数据是非常充裕的。资本配置者可以计算一系列的统计指标来衡量基金经理的技能和行为。"过去的业绩表现并不能预示未来的业绩"，这句话醒目地出现在每位基金经理的演讲和法律声明之中。虽然资本配置者永远不会受益于基金经理过去的成功，但人类的天性决定了投资者对于短期业绩的追逐。

深思熟虑的首席投资官会仔细分析过往的业绩记录，并且运用创新性的方法专注于考察基金经理的强项和弱点。首席投资官会使用一系列统计指标来衡量相对于基准的回报率，包括时间加权和资本加权回报率、夏普比率（每一份风险对应的回报）、索提诺比率（每一份下行风险所对应的回报）、风险敞口调整后的收益率以及同类基金经理分析等。

这些指标的效用很大程度上取决于首席投资官关心的问题是什么。时间加权和资本加权的回报率可以让首席投资官了解该基金的持有人基础以及基金经理与持有人的沟通质量；风险敞口调整后的收益率着重考察基金经理获取超额收益的能力；而与同类基金的对比则可以看出资本配置团队对该基金经理的投资是否明智。

资本配置者也会基于过去的业绩表现对基金经理的行为进行提问，问题一般是以下的形式：“……的时候，发生了什么”“……的时候，你做了什么”以及“你为什么要那么做”等。这些问题主要是围绕着历史业绩记录中的一些异常强或弱的表现来提出的，有助于了解未来遇到类似情况时该基金经理会怎么做。

方向 5，不断开发金融科技领域的新工具

一些金融科技领域的初创公司正在开发一些有用的工

具，用来帮助资本配置者和基金经理剖析并提升业绩表现。这些公司可能处于未来的数据分析前沿。首席投资官和基金经理们可以重点关注一下，毕竟在资本配置领域，对复杂技术的采纳和运用尚处于非常早期的阶段。这些工具有助于评估基金经理的技能、监测风格漂移并提升组合管理的水平。

分析基金经理的技能

大数据的普及使得资本配置者可以分析回报率的潜在驱动因素，以了解基金经理的技能。巴兹尔·曲尼比（Basil Qunibi）曾是一位对冲基金配置者，他创建了 Novus Partners 分析公司以帮助全球顶级投资者获得更高的收益。该公司为分析公募基金经理的技能提供了工具。曲尼比创建了一个框架来分解基金经理在交易时能够自主决定的 5 个维度：

1. 风险敞口：不同类别和程度的市场敞口。
2. 资本配置：持有头寸所代表的板块和所用的工具。
3. 证券选择：股票的选择。
4. 头寸规模：组合内不同头寸的规模大小。
5. 战术交易：头寸的进出。

通过分别研究回报率背后的每一项驱动因素，Novus 用一整套统计分析方法，来确定基金经理过往业绩的来源和持久性。其每一项计算都是跨地域、市值、行业、流动性和集中度进行的，资本配置者可以用来研究基金经理的击球平均值（盈利仓位的占比）和击球百分比（产生正回报和负回报的仓位之差）。

另一种分析方法是通过比对同行来研究基金经理的投资组合，以了解流动性冲击下的基金支出风险。这种方法主要研究的是 4C，即拥挤度（Crowdedness）、信念（Conviction）、集中度（Concentration）和共识性（Consensus）。

监测风格漂移

在基金经理的管理规模增长时，理解其业绩背后的驱动因素可以提醒资本配置者关注潜在的问题。当某位基金经理的管理规模翻倍时，他们必然要改变投资组合在头寸数量、市值或流动性方面的特征。如果他依然想维持先前的股票数量，并且在相同的市值区间进行选择，那就必然要牺牲一定的流动性。在多年的数据分析生涯中，曲尼比还没有看到过流动性变差了 60% 以上的哪个基金经理能够长期存活的。

如果基金经理想维持组合流动性而又不想增加投资品种，那么就不得不投资更大市值的品种。这种行为就被资本配置者称为风格漂移，是不受欢迎的。所以基金经理想维持流动性和市值区间，就只能增加持股数量。

解构基金经理的技能有助于资本配置者理解投资组合的风格发生变化时伴随的风险。如果一个基金经理的优势主要在小市值股票，那么决定进入中等市值领域可能不是一个好主意；如果消费品板块是某家机构过往业绩的主要驱动力，那么消费品专家的离职就可能引发大问题。

对历史业绩的统计分析也有其局限性。要得出具有统计意义的结论，就需要拥有某只基金几年内完全透明的交易数据，月度绩效归因和季度 13F 文件并不充分。即便如此，历史也不代表未来，严格的数据统计只是一种可以协助基金经理评估投资流程的工具。不过，尽管存在一些缺陷，但出色的统计分析工作还是有助于资本配置者提出更好的问题，这至少向未来又前进了一步。

提升组合管理能力

现代数据分析方法有助于基金经理认识和提升他们的投

资组合管理能力。大型对冲基金平台有充分的数据和丰富的资源来提取难以捉摸的超额收益。资产管理公司 Point72 首席市场情报官马修·格拉内德（Matthew Granade）看到大平台有助于提升基金经理的投资能力，比如在风险管理系统、交易系统、数据系统、研究和交易等方面的优势。

Weiss 对冲基金公司首席投资官乔迪·维瑟（Jordi Visser）说过，在过去，如果他问某人为什么赚钱或亏钱，他们会讲一个无法考证的故事。而现在有了数据，他就能了解真实情况并就基金经理的决策提出问题。他不再关注没有数据支撑的故事。

维瑟认为，必须指出基金经理的偏差，才能让他们得以改进。他用棒球比赛作为比喻，假设统计学家设计了一个盒子，可以显示击球手对腰部以上和腰部以下来球的平均击球率。如果某位击球手更擅长在低位击球，并且他也可以通过数据了解这一点，那么通过抑制击打高位来球的冲动，他的平均击球率就会获得提升。

克莱尔·弗林·利维（Clare Flynn Levy）和卡梅隆·海特（Cameron Hight）曾是小平台的对冲基金经理，他们常常因缺乏必要的工具来提升投资技能而感到沮丧。所以，他们把管理资金放在一边，创建了软件公司来帮助投资组合经理。

利维创立了 Essentia Analytics 公司，使命是利用技术和数据提高投资绩效。该公司从行为金融学的角度研究交易，试图找出基金经理的偏差，并在感知到他们可能犯错误时通知基金经理本人。评估项目包括某个仓位的买入、加仓、减仓和清仓。适当力度的提醒有助于基金经理从本能的爬行动物思维（丹尼尔·卡尼曼的思考系统 1）转移到理性思维（思考系统 2）。

关于 Essentia Analytics 公司还有一个需要提及的方面。查尔斯 · 埃利斯是该公司的非执行董事，也是前言中提到的指数基金的公开支持者。是的，埃利斯为一家金融科技公司提供咨询服务，该公司提供的工具旨在提高公募市场主动基金管理者的收益。正如利维在播客中所描述的那样，埃利斯“从来没有说过主动型投资者会消失，他只是说他们会越来越少”。

海特凭借自己的洞察力帮助许多对冲基金经理优化了投资组合的结构。他认为，市场运行如此之快，以至于投资组合基金经理无法考虑实时优化影响头寸规模的所有变量。他的 Alpha Theory 投资咨询公司，致力于借助数字和概率来帮助基金经理决定头寸规模，使含糊不清的因素变得明确。

海特的公司利用投资团队的研究成果来实时计算风险和回报。研究深入的分析师一般都有模型和股票可能走势的概率情景分析。在缺乏新信息的情况下，股票价格的每一次变动都会改变风险和回报的赔率。Alpha Theory 基于投资团队的研究建立了基于信心加权的头寸规模模型，并将计算结果与实际投资组合中的相应头寸规模进行比较。经过 15 年的运行，海特积累的大量数据显示，看似简单的工具能够在实战中为客户带来可观的回报。

他的数据还揭示了关于基本面投资者的一个重要结论。优秀的主动型基金经理在大仓位持有的投资品种上获得超额收益的能力明显优于小仓位部分。Alpha Theory 由此推出了《集中宣言》（*The Concentration Manifesto*）一书，提出如果主动型基金经理将仓位集中在他们最好的想法上，那么无论是资本配置者还是基金经理都会得到更好的结果。[1]

数据分析很难给资本配置者提供现成的答案，但这些工具能够帮助资本配置者衡量投资组合和基金经理层面的风险和回报，以及在选择基金经理方面做出更明智的判断。

数据可得性的改善和大量处于评估技术前沿的创业者们使首席投资官能够获得更多的信息。只要问题提得巧妙，就能使某些基金经理暴露出他们回避最新技术的现实，即他们已经落后一步了。

正如罗伯特·彭斯（Robert Burns）曾经提过的那样，人和老鼠一起筹划的哪怕是最精妙的计划也难免出错。当最复杂的量化工具落在一个异常值上时，首席投资官需要做出反应。新冠肺炎疫情从 2020 年 3 月起引发的市场、就业和工作方式的动荡，为首席投资官如何应对不确定时期提供了一个最新的案例研究。

CAPITAL ALLOCATORS

第 10 章

应对不确定的环境

适当的计划可以防止糟糕的表现。

——金·卢

哥伦比亚投资管理公司首席执行官

Proper planning prevents piss poor performance.

– Kim Lew

CEO, Columbia Investment

Management Company

投资机构的领导和管理都需要在正常的市场环境中不断实施和完善。但是，每隔 10 年左右，市场就会颠覆任何关于“正常”的概念，这些充满压力和不确定的时期考验着管理者。

对于压力所带来的心理挑战，迈克尔·莫布森进行了如下描述：

> 当感受到压力时，我们会缩短视野；当我们需要目光长远时，却开始短视。而在现实生活中，人们通常更关注坏的事情。从心理上讲，因为压力而无法进行长期思考和更关注消极因素这两点，从投资者的角度来看，都不是什么好事。

特殊时期的资本配置策略

新冠肺炎疫情为首席投资官如何应对不确定性提供了一个观察案例。新型冠状病毒给世界各国的经济发展、人民的健康带来了前所未有的挑战。首席投资官将面临无限期居家办公、股市波动以及全球经济突然停摆的局面。

在各自投资理念的指引下，首席投资官们很快就制定了面对不确定性的领导和管理的行动指南。

马克·鲍姆加特纳借鉴了军事缩略语，应对某种 VUCA 情况需要采用 OODA 循环。[①] 不同的首席投资官正以各自的方式寻求类似的路径。

首席投资官首先需要适应新的工作场景。在线交流成为内部团队、投资委员会和管理者之间沟通的常态。投资团队往往规模较小，而且团队成员习惯于出差，这使得其转型比

---

① VUCA 是易变性（Volatility）、不确定性（Uncertainty）、复杂性（Complexity）和模糊性（Ambiguity）的英文缩写。OODA 是观察（Observation）、判断（Orientation）、决策（Decision）和执行（Action）的英文缩写，OODA 循环是一种描述冲突、制定决策的经典方法，在商业竞争中得到了广泛应用。——编者注

大型企业要更容易一些，原本就很频繁的远程对话和在线交流的差别不大。

一旦搞定了内部团队，首席投资官就会转而关注投资组合的流动性。大多数人习惯于评估资产负债表资产端的流动性，很少有人考虑过负债迅速上升的影响，而这场病毒大流行提出了一些答案未知的问题：

- 学校什么时候能够重新开放，这种延迟对大学收入的影响意味着什么？
- 随着旅行的减少，基金会的资助者在研究方面会有一些什么需求？
- 当医院集中力量处理新冠肺炎疫情时，原本高利润率的志愿者项目急剧萎缩将如何影响收入和利润？
- 收入的骤停会如何影响企业年金账户？
- 养老基金应该如何平衡未来的退休需求和当下严峻的经济困难？

首席投资官在市场中寻求投资机会的时候，可能不得不考虑企业潜在的收入冲击这个新变量。他们从基金经理那里收集了大量信息，试图厘清情况、计算业绩和评估风险。他们如饥似渴地阅读，并与各种精心挑选的专家沟通，以了解未来可能出现的问题和可能出现的机会。

许多对话都传达并证实了原先的预期。对一些人来说是敲响了新的警钟，而另一些人则认为是新的机遇来了。

在危机中坚守使命

巨大的市场波动是让投资者调整风险和收益预期的好机会。那些拥有足够技术和数据系统支持的机构迅速行动，并对结果有了坚定的把握，而那些没有现代技术支持的机构则会明显落后。事实证明，在考虑未来的机会时，对基本情景的准确估计尤其重要。

与此同时，经验丰富的首席投资官的行动反而会相对迟缓。安德鲁·戈尔登并不急于行动，而是想弄明白自己是否正专注于正确的事情。这场疫情在他的机构内部引发了一场关于认识论的讨论，团队成员们想弄明白自己到底知道什么以及是如何知道的。他既为自己的团队从过去的危机中获得的智慧感到骄傲，也为自己未能吸取同样的教训而感到尴尬，尤其是对投资组合和现实世界的走向过于自信。危机会让伟大的领导者在采取行动之前重新认识自我，重新检验自己的假设。

在采取行动之前，资本配置者会转向他们信任的基金经理。由于基金经理并没有改变投资理念，他们只是通过增持弱势仓位和减持强势仓位来做再平衡。最重要的配置资金会流向先前关闭申购的基金经理或是特别擅长某一有吸引力领域的基金经理。

所有这些步骤对于先前没有进入投资组合的基金经理来说，就像是打开了庇护所的大门。但这些举动几乎都是无效的，因为此时首席投资官采用的行为准则是以不变应万变。

直到一切都尘埃落定之后，首席投资官才会开始寻找新的投资机会。正如牛津大学捐赠基金首席投资官桑德拉·罗伯逊（Sandra Robertson）在 2020 年 4 月中旬所说的，当时股市出现了迅速反弹，“现在出售已经太晚，但买入还太早”。

当资本配置者准备寻找新的基金经理时，他们会先从基金经理观察清单中查找。这份清单不可避免地会包括之前已经关闭的私募股权基金或风险投资基金、排名领先的私人信贷基金经理，以及已经被跟踪研究多年的公募基金经理。准备充分的首席投资官都有一份购物清单，以便在资产打折时随时买入。

最后，当市场波动平息时，资本配置者也会寻找一些有吸引力的战术性机会。在新冠肺炎疫情期间，如果破产潮到来，首席投资官就会关注不良债务；如果息差保持较宽，则会关注私人信贷；而人们一旦确立了新的生活和工作方式，则可以关注不同资产类别中的旅游和休闲行业以及房地产领域的潜在机会。

资本配置者从未设想过靠创建一个清单来应对新冠肺炎疫情，但是协调内部运营、收集信息、评估流动性和风险、监控现有投资组合、挖掘新的投资机会、维护愿望清单和建立新的委托关系等这些事务，在不确定的时期，将成为他们坚守自身使命的共同行动纲领。

就在动荡搅乱市场之后不久，市场又涨回来了。首席投资官们主导的绝大多数行动都没有带来有实质意义的投资组合调整，但这些操作让他们为下一次类似情况的到来做好了准备。

CAPITAL
ALLO-
CATORS

第三部分

聪明的基金经理的经验与智慧

导读 CAPITAL ALLOCATORS

来参加我节目的每位嘉宾都就如何投资这个话题，分享了属于他们的独特故事以及一系列的经验教训。正是从他们的分享中，我提炼出了第一部分的工具箱和第二部分的投资框架。

除了这些严肃的想法之外，我们的访谈还充满了关于投资和生活方面的智慧结晶。这些结晶将集中在接下来的第三部分进行分享。

CAPITAL ALLOCATORS

第 11 章

投资的真相

没有人可以做到完美。你必须不断地进步，最好的办法是永远保持好奇心，尽可能多地收集信息，尽可能多地与人交流。

——帕特里克·奥肖内西

奥肖内西资产管理公司首席执行官

No one's ever got it figured out. You have to evolve what you're doing. The best way to do that is be insatiably curious, gather as much information as you possibly can, and talk to as many people as you possibly can.

– Patrick O'Shaughnessy

CEO, O'Shaughnessy Asset Management

市场的本质

投资是分析研究和心理学的结合。参加节目的投资经理们就市场的本质分享了许多想法。

> 价格上涨会引来买家，而下跌会引来卖家，就是这么简单。
>
> ——迈克尔·巴特尼克（Michael Batnick）
>
> 里霍尔茨财富管理公司研究总监

> 我们是投资从业人员，却仿佛置身于时尚界。在我们这个行业中，裙子总是上下翻飞。
>
> ——安东尼·斯卡拉穆奇（Anthony Scaramucci）
>
> 天桥资本（Skybridge Capital）创始人

巨大的泡沫总伴随着伟大的故事。

——迈克尔·诺沃格拉茨（Michael Novogratz）

Galaxy Digital 公司创始人兼首席执行官

市场是一个复杂的自适应系统，这既解释了为什么市场往往是有效的群体智慧，也解释了为什么市场会时不时地失控。

——迈克尔·莫布森

导致金融工具剧烈波动的不仅仅是不可预知的模式转换，还有对短期融资的过度依赖。

——詹姆斯·艾特肯（James Aitken）

在资金宽松的时期，很多愚蠢的做法会奏效，许多盈利很差的公司股价会暴涨，很多拙劣的想法很容易获得融资，其中的一些想法竟然还真的能变成好主意。

——丹尼尔·拉斯穆森（Daniel Rasmussen）

Verdad 资本创始人

如果着眼于长期，很多事情变得更容易预测。

——本·英克尔

市场、经济、创新、政治、天气以及自然界的一切都是以长周期的方式运行的。

——埃里克·彼得斯（Eric Peters）

One River 资产管理公司首席投资官

市场有的时候很有趣，波动性很大，使你有利可图；但也有很无趣的时候，盈利没什么变化，市场也波澜不惊。

——史蒂夫·库恩（Steve Kuhn）

Retired 对冲基金经理

如果我们都知道明天会发生什么，那就不会发生了。因为每个人都会采取不同的行动。

——伊曼纽尔·弗里德曼（Emanuel Friedman）

EJF 资本首席执行官兼联合首席投资官

努力避开投资中的陷阱

联合基金（Collaborative Fund）合伙人摩根·豪泽尔（Morgan Housel）说，投资可能是唯一一个没有受过教育、没有背景或经验的人，有可能比那些受过最好的教育、拥有最好的背景和经验的人表现得更好的领域。在医疗领域，你无法想象一个没有学历或背景的人能比哈佛大学的心脏病专家做得更好。在那个世界，这不可能发生。但在投资的世界，这样的事每天都在发生。

豪泽尔谈论的只是投资领域中众多令人费解的事实之一。其他嘉宾则分享了更多的事例。

> 世界上真正能把握这个模型的投资者可能只有五六十人。
>
> ——斯科特·马尔帕斯

> 每位基金经理都觉得自己能够超过平均水平，就像乌比冈湖边长大的孩子。
>
> ——乔恩·赫特尔

> 优秀的投资者中也很少有人每个领域都擅长，事实上，很多水平一般的投资者反倒是追求面面俱到。
>
> ——亚当·布利茨

> 选择的悖论深刻地说明，人类天生就想要更多

的选择和机会，但他们得到的选择越多，就会变得越痛苦。

——布莱恩·波特努瓦

大多数机构都倾向于过度多元化，或其近亲平庸化。

——安德鲁·戈尔登

优势是转瞬即逝的东西。

——金·卢

几乎在所有行业里，好的生产者都很难成为好的领导者。基金经理在很大程度上就是高度专业化的生产者。

——安德烈·佩罗尔德

大多数单一资产类别的基金经理总是认为，不管发生什么，他们的资产类别都是好的。就像问种土豆的农民今晚吃什么时菜单上总会有土豆。

——乔恩·赫特尔

那些优秀的基金经理，所谓非常棒的世界顶尖的投资者，在过去5年里相对于市场而言，成绩不过尔尔。

——马克·鲍姆加特纳

在价值风格不受青睐的10年里，我们不可能持有90%仓位的价值基金。我们就是做不到。

——斯科特·马尔帕斯

资产配置者的思维并不基于长远，他们总是在追涨杀跌。我对这种行为模式感到惊讶。

——史蒂夫·加尔布雷斯

如果你管理的是别人的钱，那么无论是绝对损失还是相对损失，都有一个阈值，超过这个阈值，你就干不下去了。

——拉里·科查德

你每次买入或者卖出，都是从和你相似的聪明、严谨、组织严密、信息灵通、知识全面的对手那里交易的。

——查尔斯·埃利斯

如果一个人的薪水或管理费并非取决于他真正懂得什么，那么指望他真的理解什么就很困难。

——詹姆斯·艾特肯

如果你像一名哲学系学生那样去理解一件事，那你很有可能是错的。

——丹尼尔·亚当森

投资的好方法很多，但“高买低卖”不在其中。

——莎拉·威廉姆森（Sarah Williamson）

FCLT Global 首席执行官

逆向投资意味着你必须能做一些让人感觉不舒服的事情。

——安德鲁·戈尔登

大约 200 年前，罗斯柴尔德男爵说过，“当街上有人流血的时候，我们就买入”，但我们通常会忘记他格言的后半句，“即便那血是你自己的”。

——劳伦斯·西格尔（Laurence Siegel）

CFA 协会研究基金会研究主管

价值投资是有限度的。本杰明·格雷厄姆在大萧条中崩溃了。他无法抗拒那些被低估的机会，以致太早买入，导致破产。

——迈克尔·巴特尼克

主动型基金经理总是表现不佳的原因之一是因为每个人都在做同样的事情。

——保罗·布莱克

我见过业绩很好的江湖骗子，也见过一些极聪明的人，拥有极好的投资流程，但他们连续4年都做得不好。

——贾森·卡普

一切都归咎于证券欺诈。如果一件坏事发生了而公司没有披露，那就是证券欺诈。同时，如果高管在披露不良信息之前出售了股票，那就是内幕交易。

——马特·莱文（Matt Levine）
彭博社专栏作家

关于投资期限的长度，既要以经营企业的视角考虑问题，又不能让错误延续 18 个月以上，这两者几乎是相互排斥的。

——史蒂夫 · 加尔布雷斯

趋势往往远远超出人们的想象。在一段长期趋势当中，许多超级聪明的人很有可能已经进进出出很多次了。

——埃里克 · 彼得斯

当你发现某种剧烈的变化时，往往没有人愿意相信。因为这种情况太少发生了。

——伊曼纽尔 · 弗里德曼

通过快速注资来解决问题只会人为地将门槛抬高，直到不起作用为止。

——蒂姆 · 雷克

即使感知到危机即将来临，你也不愿意相信且拒绝采取行动。这是人生的常态。

——伊曼纽尔 · 弗里德曼

相关性真的可以达到 1。

——蔡长柏（Andrew Tsai）

Chalkstream 资本创始人

当出现恐慌时，没有一家剧院有足够宽的通道来应对踩踏事件。

——阿什·威廉姆斯

当事情变糟的时候，它会变得比你想象的更糟，甚至可能会发生一些荒唐的事情。

——蔡长柏

运气真是体育界的诅咒。我们努力训练，制订比赛计划和策略，我们竞争，我们汗流浃背，我们不愿相信一切都是命运的安排。投资也是如此，但运气是真的起作用。

——乔恩·沃特海姆

管理好波动才能长期生存

每个资本配置者和大多数基金经理都声称自己是长期投

资者。他们在艰难时期的经历，如糟糕的市场、亏损、表现不佳和压力等，决定了他们的意图是否能够达成。播客嘉宾们常爱分享的一个主题，就是他们如何努力抑制下行波动，以图长期生存。

> 如果你减少低潮时期的亏损，那么复合收益将增长得更快，随着时间的推移，最终的结果会令人瞠目。就像我们的生活，如果能减轻一点倒霉时期的影响，那么生活就会变得美好。
>
> ——克里斯·艾尔曼

> 我非常相信未雨绸缪，尽管我不觉得为世界末日做准备是一个好策略。
>
> ——埃伦·埃利森

> 作为一名期权交易者，你学到的第一堂课，也是最痛苦的一课，就是缺口风险。
>
> ——唐·菲茨帕特里克

> 投资组合经理和企业主都需要有承受亏损的能力。
>
> ——汤姆·拉索

对较长时间、较大幅度回撤的不容忍可能会导致决策失误。

——拉夫·阿恩特

只要你没有使用杠杆，没有在不利的时刻被迫退出交易，你就能坚持很长时间。

——杰夫·所罗门

当人们试图降低风险时，有一种昂贵的方法和一系列经济的方法来处理浮亏。当你遇到问题时，那些试图消除浮亏的人（补仓）最后往往是亏得最多的人。

——埃里克·彼得斯

每个人都厌恶回撤，除了永久空头、做空市场的人和行为科学家。

——丹·伊根（Dan Egan）
Betterman 行为金融部与投资部主任

投资选择只有最合适的，没有最好的

首席投资官和基金经理们也分享了一些投资选择方面

的内容。

> 我们希望投资于以业绩为导向的基金经理，哪怕需要负担管理费、绩效报酬，甚至他们的傲慢，都没关系。
>
> ——布雷特·巴思

> 越是小平台，越青睐对业务饥渴的机构，有商业风险的更好。
>
> ——萨姆·西西利亚

> 最有想法的投资者能在 30 秒内将复杂的概念提炼成易于理解的表达。
>
> ——克里斯蒂·汉密尔顿

> 知之为知之，不知为不知。如果你了解得还不够多，就不要投资，因为在不利的情况下你不会有信心加仓。
>
> ——安娜·马歇尔

> 当你试图说“这是我对世界的看法，让我们投资一个平庸的基金经理吧，以表达这种世界观”

时，你最终会犯错误。真正稀缺的资源是优秀的基金经理。

——亚当·布利茨

如果你有一个想法，首先必须说服自己，然后再说服别人。这需要完全不同的技巧。

——保罗·约翰逊（Paul Johnson）

Nicusa投资咨询公司创始人

每一位投资组合经理都会问同样的4个问题：好处是什么？风险是什么？市场错在哪里？错误的定价会得到纠正吗？

——保罗·约翰逊

一个企业的基本面中只有两三个真正重要的因素，这是企业手里的牌。投资流程的其中一环是看市场先生是否和我们一样，也翻了这3张牌。

——德鲁·迪克森

投资最大的错误是没有区分基本面和预期。

——迈克尔·莫布森

为了使分析师和投资组合经理之间的关系达到最佳状态，每个人都必须完成 90% 的工作，但只要求 48% 的信任。

——保罗·约翰逊

决定何时卖出是投资中一个不为人知的挑战。出现以下这些情况时，你必须卖出：你意识到自己犯了错误；今天兑现了明天的价格；你正在重新平衡投资组合；你的想法多于投资组合的容量；你意识到公司的前景正在改变时。

——理查德·劳伦斯

寻找可重复的优势

莫布森提出的“BAIT”概述了获得投资优势的种类。基金经理努力工作以获得优势，而资本配置者也在基金经理中寻找可重复的优势。无论是结构性的、周期性的还是利基市场的，基金经理和资本配置者对于竞争优势的构成都有自己的看法。

我们希望通过他们的文化、流程和适应各种周期的能力，找到可持续的竞争优势。

——桑德拉·罗伯逊

耶鲁基金会拥有各种竞争优势，每个人都爱大卫·史文森，每个人都喜欢为耶鲁基金会工作。他有一个最好的团队在身边，一起挑选基金经理并与他们协作。如果你和耶鲁基金会有合作关系，那么你一定知道这将是一段长期的关系。他们与基金经理合作的平均年限约为14年。这只是平均水平，他们经常在某些基金经理上任第一天甚至上任之前就与之合作。

——查尔斯·埃利斯

我们认为，真正优秀的人在60岁时和在40岁时一样渴望成功。

——韦恩·威克（Wayne Wicker）

ICMA-RC中心首席投资官

ALPHA很稀少，很难找到。你在第五大道和47街的拐角处找不到，它可能偶尔坐在那里，但不是一直坐在那里。因此，你需要去世界上存在混乱和资本短缺的地方找。

——安德烈·佩罗尔德

除了人类的判断之外，金融业的一切都会被发现并且会被套利。

——贾森·卡普

主动管理是行为上的阿尔法效应：适时摆脱困境，适时审视自己，承认自己的错误，然后双手合十，继续下去。对于普通人来说，做到这些并不容易。

——乔迪·维瑟

如果你遇到一位基金经理可以教给你一些新的、与众不同的东西，那么你就有机会从这位基金经理那里变得与众不同。否则，你只会扎堆做同样的事情。

——拉里·西格尔

主动投资者获得成功的秘诀在于总是存在接连不断的、重复的甚至习惯性的亏损者。

——查尔斯·埃利斯

在我们这一行，高换手率是致命的。因此，如果你能带领团队并保持策略至少 10 年不变，这本身就是一个很大的优势。

——埃伦·埃利森

一个基金经理的伟大关键在于他们只做时间的朋友，而从不站在时间的对立面，也从不浪费时间。

——詹姆斯·艾特肯

关键是要懂得应该聚焦在何处。拥有广阔的视野，也要明了变化将在哪里发生，然后把研究力量集中于此，并尽可能收集关于该变化的所有数据。

——琼·海因斯（Jean Hynes）
威灵顿管理公司首席执行官

你离主流越远，就越有可能找到好买卖。

——拉里·西格尔

ALPHA 蕴藏在别人不愿意做或者不能做的事情当中。不愿意可能是因为单调乏味，不能则可能是因为能力有限。

——丹・拉斯穆森

事实非常清楚，你必须拥有一个基于长期视角的投资哲学，才能驾驭一个可以运行数十年的投资管理体系，并取得举世瞩目的业绩。

——埃里克・里斯

事实证明，向我们的投资者提供优异业绩的最重要因素，可能是我们基金的认购规模上限。

——理查德・劳伦斯

通过专注而深入的研究分析，主动投资者可以继续做得很好。但是只要存在数据，并且量化分析师们能够找到这些数据，那么最终他们会做得更好。

——帕特里克・奥肖内西

电影《点球成金》问世之后，我们被教导说数字远远优于人类的直觉。但是人类可以感知到数字无法描述的东西。难的是如何正确地处理数据，并将它们整合进人类的判断，让人和计算机都能发挥

> 最佳效用。
>
> ——本·赖特

从资产类别视角看风险收益特征

每一种资产类别都有各自的风险收益特征。嘉宾们分别分享了对冲基金、私募股权基金、风险投资基金和其他一些资产类别的风险和机会特征。

对冲基金

1. 机会

> 对冲基金就像篮球场上的控球后卫，需要提前预测比赛的走向。有时候他们会下大注，就像三分球得分。其他时间他们只是默默地支持队友，给队友传球。
>
> ——吉姆·威廉姆斯

> 当市场剧烈波动的时候，对冲基金就显得弥足珍贵。在这种时刻，投资组合中 5% ～ 10% 的对冲基金仓位是不足以保护资本的。最大的问题是资

本配置者没有配置足够多的对冲基金。

——道格·菲利普斯

成功的对冲基金经理各有各的赚钱门道，但他们有一个共同点，就是对于最好的投资机会有敏锐的洞察力以及坚定的决断力。

——戴维·佐鲁布（David Zorub）

Parsifal 资本创始人兼首席投资官

对冲基金行业已经有了潜移默化的变化，对降低风险的重视已经超过了提高收益。

——亚当·布利茨

传统基金经理和对冲基金经理之间的差别是模糊的。他们的价值都取决于能为客户创造多少超额收益。

——唐·菲茨帕特里克

2. 风险

对冲基金经理最基本的技能是持续的运营能力。

——马特·莱文

所有的大型多策略绝对收益型基金都以波动性作为决策依据。当市场的隐含波动率下降时，他们会提高仓位以赚取收益。

——詹姆斯·艾特肯

找到出色的宏观基金经理非常具有挑战性，因为你很难区分其业绩是因为优秀的技能和洞察力还是仅仅依靠运气。

——亚当·布利茨

宏观投研特别重视大咖，就好像他们有水晶球或者黑箱子一样。

——乔纳森·泰珀（Jonathan Tepper）
Prevatt 资本创始人兼首席投资官

你可以在困境时混在市场中游，实际上你也是身处某个大趋势之中。但你并不是这个大趋势的创造者。

——彼得·特鲁布（Peter Troob）
特鲁布资本管理公司首席投资官

私募股权

1. 机会

我已经身处私募股权这个香肠工厂 10 年时间了。我很喜欢这种香肠。我觉得这真的是一种很好的资产，能对整体的组合收益带来显著的贡献。

——约翰·普费弗（John Pfeffer）
普费弗资本联合创始人

正如大卫·史文森所说，私募股权是资本化的最终形式。你有很长的时间跨度，不会被每季度披露的数字所束缚，你能够做正确的事情，并且可以通过很多途径加杠杆。

——比尔·斯皮茨

持续经营私募股权公司是非常强大的商业模式。他们拥有多项特许经营权，比如掌控交易、杠杆、供应商和客户。

——马克·鲍姆加特纳

2. 风险

我们组合中完全没有从事大型收购的基金经理，因为我们认为大型收购只是加了杠杆的股票而已。即使他们真的创造了一点点附加值，也被高昂的管理费费率吃掉了。

——拉夫·阿恩特

私募股权基金收取的管理费是所有资产类别中最高的。

——史蒂夫·拉特纳

你无法在私募股权市场择时。你不能仅随己意选择各种 EV/EBITDA 倍数的企业，因为你的合伙人只有 5 年的投资期限。

——克里斯·艾尔曼

认购渠道已经成为私募股权行业最重要的一部分，对有限合伙人意味着重大风险。

——史蒂夫·尼尔森（Steve Nelson）
ILPA 首席执行官

面向小企业的 80% 的交易最终可能都不会落地，这还是在你提交了正式的合同文件并且签发了意向函之后。

——布伦特·贝肖尔（Brent Beshore）
永久股公司（Permanent Equity）创始人兼首席执行官

大概有 500 家公司被不同的私募股权基金倒手过 3 次以上。如果能减少这些摩擦成本，那么我们的收益率会有显著的增长。

——安德烈·波旁奈（André Bourbonnais）
贝莱德集团（Blackrock）董事总经理

真正的自有资金交易很少，确实存在，但是非常少。

——安德烈·波旁奈

尽管你支付了高价，但是在私募股权市场你依然有可能因为以下两种原因而受创：第一，你无法获得估值扩张；第二，你因为加了太多杠杆而增加了破产的风险。

——丹尼尔·拉斯穆森

风险投资

1. 机会

风险投资也归属于有效边界的范围。你既然能够按照有效边界曲线建立最优组合，那么同时也就接纳了风险投资。

——克里斯·多佛斯

风险投资就像对未来做了一个对冲。未来二三十年技术变革的速度可能会远超你的想象。如果你只是投资一些现存的企业和行业，那么你真的有可能被淘汰。

——约翰·普费弗

风险投资就像国会。每个人都不喜欢国会，但都喜欢他们的国会议员。

——克里斯·多佛斯

这是一种入口，并不是一种资产。

——吉姆·威廉姆斯

风险投资有非常高的自相关性。这是一种很大的不公平的优势。一旦你成功了，只要不犯错，你就能一直赢下去。

——乔·朗斯代尔（Joe Lonsdale）

8VC 创始合伙人

风险投资可以在企业的初创期就直接入股。每个风投基金都声称拥有相同的资金成本。但事实上顶级风投公司的资金成本应该更低。

——阿里·哈默德（Ali Hamed）

CoVenture 联合创始人

风险投资界有一句经典的陈词滥调：优秀的技术和优秀的团队之间你希望拥有哪个？答案当然是后者。你永远会希望拥有优秀的人。

——乔希·沃尔夫

2. 风险

资本越来越集中于风险投资行业，因为企业在上市前酝酿的时间更长了，吸收了更多的资本。因此，基金经理们忙于照看投资组合中现有的公司，而没有时间和精力做新的交易了。

——比泽·克拉克森（Beezer Clarkson）
蓝宝石创投公司（Sapphire Ventures）董事总经理

亨利·麦肯斯（Henry McCance）曾对我说："当风险投资处于很好的状态时，人们有的是时间，但资金成本却很高。而在泡沫里时，人们没有时间，因此，他们的资本变得廉价。当资本便宜而时间昂贵的时候，要当心。"

——克里斯·多佛斯

如果你不能和最好的风险投资经理合作，那就别做风险投资。不要花太多时间在这上面，也不要幻想找到某种神奇的方法，就完全不要去碰。

——卡尔·希尔

这个行业有两大错误：一是找对了公司但买得太少，所以即便这个公司长成了大公司，对组合的贡献依然有限；另一种是在错过和做错之间挣扎。

——斯科特·库珀

私募股权行业的核心正在从普通合伙人变成企业家。企业家们就像太阳系中的太阳，我们只是众多行星中的一个罢了。

——迈克·莫泽（Mike Mauzé）

VMG 创始合伙人

其他资产

我们投资的不是资产类别，而是人。

——托马斯·莱内汉

作为一名成长型投资者，你必须对未来保持乐观。乐观主义者最终将获得胜利。

——保罗·布莱克

买高收益债就像逛商场，你知道自己在找什么，也清楚自己会买什么。而结构性贷款就像逛旧货市场，你带着钱四处张望，你必须解放思想，找到别人没有看到的值钱货，并买下它。

——布雷特·杰斐逊（Brett Jefferson）

希尔登资本管理公司创始人兼首席投资官

如果你能找到天性乐观的固定收益基金经理，那我很乐意见见他。

——蒂姆·麦卡斯克

对于普通的个人投资者来说，加杠杆的ETF就是炸弹。他们会被炸掉脚趾，因为这种金融产品的设计就是鼓励赌博。

——汤姆·莱登（Tom Lydon）
ETF趋势创始人兼首席执行官

期权是一种类似药品的东西。如果你懂得如何使用它们，愿意按照说明书的指导与专家合作，那么你会发现它们是良药。但如果你不愿意这么做，它们就是毒药。

——瑞克·塞尔瓦拉（Rick Selvala）
收获波动管理公司（Harvest Volatility Management）
联合创始人兼首席执行官

发展联盟中大约有7 000名球员，其中只有不到10%的人最终可以进入大联盟打球，不到3%的人最终能拿到仲裁薪资，赚到大钱。但我们相信我们签下的球员中超过一半的人最终会在大联盟打球。

——迈克尔·施维默（Michael Schwimer）
大联盟未来公司（BLA）首席执行官

CAPITAL ALLOCATORS

第 12 章

越早学会越好的人生教训

1. 在父母对你的教导中，你印象最深、最受用的是什么?

2. 什么人生教训是你希望更早学到的?

1. What teaching from your parents has most stayed with you?

2. What life lesson have you learned that you wish you learned a lot earlier in life?

面对现实且保持积极

来我节目的嘉宾们纷纷表达了面对现实和保持乐观的益处。

现实

干你该干的事情。

——迈克尔·莫布森

不要轻举妄动，先停下来。

——乔恩·沃特海姆

谋定而后动。

——汤姆·布希

没必要穷追不舍，答案自然会浮现。

——埃伦·埃利森

过去已然过去，你也无法控制未来。你必须专注于当下，但事实上当下你也控制不了，你能控制的只有你自己的行为。

——卡尔·希尔

在压力大的时候，最重要的事情之一就是让自己平静下来。如果你无法平静，无法放松，那么恐惧就会如影随形。

——迈克尔·默沃什

积极

我们一直会被恐惧、怀疑和不安所折磨，无论你是谁。

——查特里·西尤堂

相较于好事而言，人们总是更加重视坏的事情。这也是人类对亏损厌恶的原因。

——迈克尔·莫布森

认真对待自己，但也别太当回事儿。

——塞思·马斯特斯

私下的乐观和公开的悲观是一对有趣的冲突。人们有时对自己感到非常乐观，但同时对其他一切都感到悲观。

——塔利·沙罗特（Tali Sharot）

伦敦大学认知神经科学教授

忧虑之筐里已经满满当当，装不下东西了。如果你又准备为某件事忧虑，那么你要确保能先从筐里扔出一些东西，腾出地方来。

——安娜·马歇尔

你很难不让过去的事情影响你未来的表现。只有一个办法，那就是极其充分地准备和严格按计划行事。

——萨雷尔·沃斯特（Sarel Vorster）

克利夫兰诊所神经外科医生

你不必通过苛责自己来达到卓越。负面的自我

> 暗示会在你生命中产生负面的作用。
>
> ——凯·希（Khe Hy）
>
> RadReads公司创始人

持续的学习，持续的成长

持续的学习和成长会遇到许多障碍和挑战。坚持不懈的人才能得到回报。

成长

> 我喜欢艾萨克·阿西莫夫的名言："过去的辉煌没有太多的养料可吸收。"
>
> ——帕特里克·奥肖内西

> 你擅长做某些事并不意味着你要做一辈子。
>
> ——查特里·西尤堂

> 持续学习，持续拓宽你的能力圈。世界太大了。
>
> ——马克·鲍姆加特纳

直到你做成了某些你觉得不可能的事情，你才知道自己擅长做什么。

——杰伊·吉罗托（Jay Girotto）

田地时机（Farmland Opportunity）创始人

要从追求确定性向好奇心转移。如果你拥有好奇心，你将倾听到更多的东西，你会变得更有趣，也会学到更多。

——托马斯·德隆

尽量挑选隐秘或适合你的路。

——塞思·马斯特斯

无论做什么，都没有最完美的时刻。

——汤姆·布希

有的时候，只有经历过煎熬，你才能有收获。因为煎熬让你不得不抛开你所执着的东西。

——迈克尔·默沃什

勇敢地面对你所畏惧的东西，可能是你生命中必须做的事情，即便当时的感觉肯定不会很好。

——珍妮·赫勒

如果你真的已经竭尽全力，那么失败并不可耻。但如果是因为你心有旁骛，或者想要放弃，那么失败就是可耻的。

——乔·朗斯代尔

承认自己的错误，迅速翻篇，然后继续前进。人们越快学会这些，就会越快乐。

——迈克尔·诺沃格拉茨

我有两条简单的规则：找到一位优秀的导师，然后超过他。

——乔纳森·泰珀

选项

幸运的人是那些尝试过许多事情的人，他们会把看起来没有效果的事情丢弃，加倍投入到有效果的事情中去。

——丹·艾瑞里（Dan Ariely）

行为经济学家

当我回想那些真正改变我人生的奇妙经历的时候，发现没有一件是经过事先策划的。

——史蒂夫·尼尔森

当你能辨别出前进的方向时，它包含着秘密，直待你去揭开。

——乔希·沃尔夫

如果你不知道该去哪里，你脚下的路会把你带过去。

——彼得·特鲁布

要敢于冒险。即便你觉得风险太大，也请把大门敞开，人们会帮助你。人们希望看到你冒险并且最终取得成功。

——彼得·特鲁布

等你老了，回想过往，最遗憾的并不是那些你努力过但是没有做成的事情，而是那些你从未尝试过的事情。

——吉姆·威廉姆斯

看好你手里的东西，当心负债，时间会证明一切。

——萨雷尔·沃斯特

建立一张人际关系网

人际交往在一个人的生命中有长远的意义。嘉宾们分享了很多关于行为方面以及如何保持良好人际关系的建议。

非常简单。你愿意别人怎样对待你，那你就要怎样对待别人。

——梅雷迪思·詹金斯

在生活中保持公正、诚实和坦率，尊重他人，勤奋努力，做正确的事情，好事自会到来。

——戴维·巴雷特（David Barrett）

戴维·巴雷特合伙公司创始人

想要伟大，就与伟人为伍。

——查特里・西尤堂

有的时候能体谅别人比聪明更好。

——汤姆・拉索

不管你从事什么，共情可能都是你最有力的技能。

——保罗・拉比尔（Paul Rabil）

美国职业长曲棍球联盟（PLL）创始人

你一生要做的事情中很大一部分是建立一张人际关系网，你可以为之添砖加瓦，它会帮到你。

——斯科特・库珀

如果电梯来了，把你带上了楼，记得让空电梯回去。

——拉胡尔・穆得加尔（Rahul Moodgal）

Parvus 资产管理公司合伙人

如果在你生命中真的有一个非常非常好的朋

友，那么你会比大多数人更成功。

——安妮·杜克

未必每个人都和你有相同的目标，包括你的挚友。别往心里去。

——乔恩·哈里斯

有时候一些小动作就能缓解压力，帮助人们度过困难时期。

——迈克尔·塞姆巴莱斯特

随便猜疑别人的意图是非常有害的。我无法知道你的意图，你也无法知道我的。我们应该给予别人信任。

——戴维·卓利（David Druley）
康桥汇世公司首席执行官

听其言，观其行。

——克拉克·富奇（Clarke Futch）
HCR 投资委员会联合创始人

与坏人做交易，你不可能占到便宜。

——马特·博坦

人生就像一场巨大的牌局。除非你有无与伦比的识别人类行为的能力，否则可能大多数时间你都不知道你拿到的是什么牌，何处应该争胜。顺势而为吧。

——阿什·威廉姆斯

任何工作都没有捷径

做任何工作都没有捷径可走，嘉宾们围绕这一点展开了分享。

任何领域最成功的人的特点都是坚韧不拔，在武术界，称之为“武士精神”。

——查特里·西尤堂

坚持下去，继续做你该做的事。好事一定会降临到你的头上。

——保罗·布莱克

如果你能发现自己在某个方面比别人略强一点点，那就已经受用无穷了。

——格里高利·祖克曼（Gregory Zuckerman）

《华尔街日报》资深专栏作家

专注带来成功。

——理查德·劳伦斯

当需要挖洞时，拿起铲子开始挖就行了。

——托马斯·莱内汉

要创造出有意义的和具有影响力的东西，除了努力工作之外，别无他法。

——保罗·拉比尔

放弃奢望，学会接受

接受生活的本来面目，而不是怀有奢望，这只是一个平常的人生教训。

人是形形色色的，企业是杂乱无章的，你需要克服这种混乱，把工作进行下去。

——布伦特·贝肖尔

要学会与普通人和睦相处，因为大多数人都是平庸的。

——戴连·凯恩

对于应该做什么事情，我们的许多直觉都是错误的。

——丹·阿里利

失败并不是一个选项，而是人生的必然。

——克莱尔·弗林·利维

信心不等于胜任。

——塔里·沙勒特

我们所知道的只有大头针的针尖那么大，而我们不知道的有宇宙那么大。

——安妮·杜克

每朵乌云都有银边，而每个银边里都有乌云。

——乔恩·赫特尔

当我最终名利双收的时候，我以为天空中会突然出现彩虹，海洋会在我面前分开，所有人都会是我的朋友。然而，我却发现我的生活没有任何改变。

——凯·希

作为一名投资者和企业家，每件事都会比你一开始想象得更艰难，并且需要花费更长的时间。

——丹·拉斯穆森

如果某件事听起来太好而不像是真的，那它很可能是真的。

——唐娜·斯奈德

如果你是发起改变的那个人，你就会觉得改变也没那么糟糕。

——杰夫·所罗门

用拉尔夫·沃尔多·爱默生的话来讲，人生就是一连串的教训，必须经历过才能理解。

——乔迪·维瑟

找到生命中最重要的事

以正确的视角看待工作，一切都是值得的。

所有伟大的智慧都是真实的：不要为小事而分心；花时间和你爱的人在一起；找到你的平衡点；大多数人没有你想象得那么在乎你。

——比泽·克拉克森

我爸爸说：儿子，你考虑事情的优先级依次是上帝、家庭、朋友、学校和体育，按此顺序排列。

——吉姆·邓恩

生命中最重要的部分就是你的健康。如果你不健康，其他一切都毫无价值。如果你对自己每天所做的事情不满意，而且身体也不健康，那就是一场灾难。

——贾森·卡普

想想你的孩子，日子一天接一天，岁月在不经意间飞逝。

——安德鲁·雷德利夫（Andrew Redleaf）

Whitebox 顾问公司创始人、前首席执行官

平衡是生活的关键，对世界充满好奇心是成功和长寿的关键。

——比尔·斯皮茨

时间是最宝贵的财富。你应该把它花在你真正喜欢的事情上，花在你最有效率的地方。

——布雷特·巴思

最具价值的 10 条建议

本书中嘉宾们所传授的经验都来自播客上的 150 次访谈。这些访谈总共约 150 个小时，形成了 3 500 页的文字记录。

为了精简起见，克里斯托弗·塞费尔（Christopher Seifer）每次摘录 25 ～ 40 条精华内容来概括每期访谈。他的

付出，加上维多利亚·辛切夫斯基（Victoria Sienczewski）、马克·阿纳尼 - 艾萨克（Marc Anani-Isaac）和迈克·达里亚诺（Mike Dariano）的宝贵贡献，让我完成了这本书。

从这些摘录中，我挑出了每一期的最佳金句，最终总共挑选出了 856 条。

作为本书的结尾，我从 856 条金句中选出了最精华的 10 条。挑选标准完全是主观的，每一句话都让我觉得很特别，因为它的智慧、幽默，或者两者兼而有之。

以下是“资本配置者”播客全部 150 期的 10 大金句。

> 1. 如果有人认为没有什么能一直持续下去，那么他肯定是没有投资过糟糕的私募股权基金。
>
> ——卡尔·希尔

> 2. 我目前最爱提及的偏见是关于偏见的偏见。人们现在对于行为金融学谈论得太多了，以致他们偏执地寻找偏见。
>
> ——德鲁·迪克森

3. 我每天早上醒来都会祈祷，希望今年我要交的管理费是有史以来最多的。

——乔恩·哈里斯

4. 有一天，我得到一个盒子，里面有一只红色的 LV 高跟鞋和一张纸条。纸条上写着：我已经有一只脚踏进来了，我能来拿鞋子吗？

——吉姆·邓恩

5. 优秀的投资经理是罕见的。提前识别非常难，有时事后辨认也很难。

——马特·惠内雷

6. 投资者希望与众不同，又希望被一视同仁。

——玛格丽特·陈

7. 为了第一个交卷，你必须先完成。

——安德鲁·戈尔登

8. 有个家伙过来给我灌输买一头母牛的想法，就只买一头母牛。我说："先生，你知道我无法买一头母牛。”他伤心地走开了。

——埃伦·埃利森

9. 你的风险承受能力必须是你自己的风险承受能力和持有人的风险承受能力中的较低者。

——戴维·卓利

10. 强调反思而不是反应。

——詹姆斯·艾特肯

本书阅读资料包

给你便捷、高效、全面的阅读体验

本书参考资料

湛庐独家策划

- **参考文献**
  为了环保、节约纸张，部分图书的参考文献以电子版方式提供
- **主题书单**
  编辑精心推荐的延伸阅读书单，助你开启主题式阅读
- **图片资料**
  提供部分图片的高清彩色原版大图，方便保存和分享

相关阅读服务

终身学习者必备

- **电子书**
  便捷、高效，方便检索，易于携带，随时更新
- **有声书**
  保护视力，随时随地，有温度、有情感地听本书
- **精读班**
  2~4周，最懂这本书的人带你读完、读懂、读透这本好书
- **课　程**
  课程权威专家给你开书单，带你快速浏览一个领域的知识概貌
- **讲　书**
  30分钟，大咖给你讲本书，让你挑书不费劲

湛庐编辑为你独家呈现
助你更好获得书里和书外的思想和智慧，请扫码查收！

（阅读资料包的内容因书而异，最终以湛庐阅读App页面为准）

北京市版权局著作权合同登记号　图字：01-2022-1472

图书在版编目（CIP）数据

聪明的基金经理 /（美）泰德·西德斯著；安昀译．-- 北京：中国财政经济出版社，2022.7
书名原文：Capital Allocators
ISBN　978-7-5223-1449-5

Ⅰ．①聪…　Ⅱ．①泰…　②安…　Ⅲ．①投资基金—研究　Ⅳ．① F830.91

中国版本图书馆 CIP 数据核字（2022）第 094610 号

责任编辑：李昊民　　责任校对：胡永立
封面设计：ablackcover.com　　责任印制：张　健

聪明的基金经理
CONGMING DE JIJIN JINGLI

中国财政经济出版社 出版
URL：http://www.cfeph.cn
E-mail:cfeph@cfemg.cn

社址：北京市海淀区阜成路甲 28 号　　邮政编码：100142
营销中心电话：010-88191522
天猫网店：中国财政经济出版社旗舰店
网址：https：//zgczjjcbs.tmall.com
唐山富达印务有限公司印装　　各地新华书店经销
成品尺寸：147mm×210mm　　32 开　　9.125 印张　　164 000 字
2022 年 7 月第 1 版　　2022 年 7 月河北第 1 次印刷
定价：79.90 元
ISBN 978-7-5223-1449-5
（图书出现印装问题，本社负责调换，电话：010-88190548）
本社图书质量投诉电话：010-88190744
打击盗版举报热线：010-88191661　　QQ：2242791300